CHANSONS

DE

P.-J. DE BÉRANGER.

Nouvelle Édition.

TOME SECOND.

PARIS.
BAUDOUIN FRÈRES, ÉDITEURS,
RUE DE VAUGIRARD, N°. 17.

1826

CHANSONS
DE
BÉRANGER.

Diversité, c'est ma devise, disait La Fontaine; diversité est aussi la devise de Béranger, qui, comme chacun sait, a plus d'un rapport avec le malin bon homme. Il y a, dans le recueil de ses chansons, de quoi satisfaire tous les goûts. Les personnes qui gardent encore rancune à l'empire trouveront, à la date du régime impérial, le Roi d'Yvetot, le Sénateur, l'Habit de Cour, le Traité de Politique à l'usage de Lise; celles qui préfèrent une opposition plus généreuse n'ont que l'embarras du choix entre l'Indépendant, l'Exilé, M. Judas, les Adieux à la Gloire, le Censeur, les Esclaves gaulois, le Chant du Cosaque, le Cachet, et tant d'autres.... Soldat de l'ancienne armée, êtes-vous fidèle à de glorieux souvenirs? voici la Vivandière et le Cinq-Mai. A des souvenirs plus anciens encore s'offrent le Vieux Sergent et la Déesse de la Liberté. Gloire ancienne et gloire nouvelle, espérance des pères, espérance des enfans, tout se concilie, tout s'accorde aux accens du Ménétrier, du Bon Vieillard, et même au bruit lointain de l'Orage.

Les bons vivans, les buveurs, les convives en gopoint de chansons pour eux sans gaieté et même sans une gaieté un peu égrillarde. Eh bien ! qu'ils chantent la Gaudriole, Roger-Bontemps, ma Grand'mère, la Bonne Fille, Madame Grégoire, le Vieux Célibataire, Frétillon, le Voyage au pays de Cocagne, les Infidélités de Lisette, etc., etc. D'autres pour qui la bonne chère, le vin et la joie sont fades, si un peu de médisance politique ne vient les assaisonner, peuvent varier leurs plaisirs avec la Marquise de Prétintailles, le Marquis de Carabas, les Révérends Pères, Octavie, Ma Guérison, l'Épée de Damoclès. Ces dernières chansons n'ont fait qu'aiguiser votre appétit et vous rendre plus délicats et plus difficiles ; il vous faut, le verre en main, des odes sous le nom de couplets ; vous en avez déjà redit plus d'une que déguisait le refrain ; mais feuilletez encore ces deux petits volumes, et sur quatre pièces de ces poésies que l'auteur appelle Petits Poucets de la littérature, vous trouverez trois chefs-d'œuvre, l'un de grâce et d'esprit, l'autre de sentiment et d'originalité ; l'autre enfin où le rire se mêle aux larmes, où les formes les plus piquantes s'unissent à l'élévation de la pensée ; c'est avoir ajouté aux indications qui précèdent : les Gueux, Mon Habit, les Deux Cousins, les Deux Sœurs de Charité, la Bonne Vieille, le Dieu des Bonnes Gens, l'Aveugle de Bagnolet, la Nature, le Temps, Louis XI, le Malade, le Violon brisé ; le lecteur se rappellera celles que j'oublie ou que j'omets.

Il n'est pas jusqu'aux classiques et aux romantiques qui, grâce à Béranger, ne puissent chanter à l'unisson. Si les premiers, au nom de Tyrtée, d'Anacréon et les seconds sourient avec prédilection à la Sylphide, aux Sciences, à l'Ange exilé, aux Treize à Table, au Printemps maudit, au Prisonnier, à Mon Enterrement, les uns et les autres adoptent Ma Nacelle, Mon Ame, Si j'étais petit oiseau, les Rossignols, les Étoiles qui filent, les Adieux à la campagne, les Hirondelles, Ma République.

Est-il une fête, est-il un banquet où les Grecs n'aient pas leur place? Il n'est aucune de leurs vicissitudes de malheur ou de prospérité, de revers ou de triomphes qui n'ait son écho fidèle dans les hymnes de l'Hellène français. L'espoir prophétique, l'attendrissement, l'indignation, la sympathie, éclatent tour à tour dans l'Ombre d'Anacréon, le Pigeon messager, Psara, le Voyage imaginaire.

A côté de cette grande circonstance, il en est de moins importantes et de plus personnelles qui rencontrent aussi leur poétique ou plaisant à-propos. Aux dîners ministériels que va multiplier l'ouverture des chambres, on fredonnera le Ventru à l'oreille de tel député, le Vilain à l'oreille de tel noble pair, et les Mirmidons en présence de plus d'un haut et puissant seigneur. Le banni, auquel la magnanimité royale a rendu pour étrennes la liberté de revoir le sol natal, répétera, en pleurant, le Retour dans la Patrie. Aux banquets diplomatiques, on célébrera la Sainte-Alliance des peuples; et ceux-ci, en revanche, entonneront la Sainte-Alliance barbaresque. Mais il est impossible de désigner tout ce qui amuse ou intéresse dans les chansons de Béranger; le commentaire serait plus gros que le recueil, qui vient d'être réduit de trois volumes à

*des poésies qui ... erment déjà, en un si petit espace,
tant d'idées, d'... t, d'inspirations tendres ou sublimes.*

(SAINTE-PÉLAGIE.)

Air des Chevilles de maître Adam,
ou Air nouveau de M. Meissonnier.

Amis, voici la riante semaine
Que, tous les ans, je fêtais avec vous.
Marotte en main, dans le char qu'il promène,
Momus au bal conduit sages et fous.
Sur ma prison, dans l'ombre ensevelie,
Il m'a semblé voir passer les amours.
J'entends au loin l'archet de la folie :
O mes amis, prolongez d'heureux jours !

Oui, je les vois ces danses amoureuses
Où la beauté triomphe à chaque pas.
De vingt danseurs je vois les mains heureuses,
Saisir, quitter, ressaisir mille appas.
Dans ces plaisirs que votre cœur m'oublie :
Un seul mot triste en peut troubler le cours.
J'entends au loin l'archet de la folie :
O mes amis, prolongez d'heureux jours !

Combien de fois, auprès de la plus belle,
Dans vos banquets, j'ai présidé chez vous !
Là, de mon cœur jaillissait l'étincelle,
Dont la gaité vous électrisait tous.

De joyeux chants ma coupe était remplie ;
Je la vidais, mais vous versiez toujours.
J'entends au loin l'archet de la folie :
O mes amis, prolongez d'heureux jours !

Des jours charmans la perte est seule à craindre ;
Fêtez-les bien, c'est un ordre des cieux.
Moi, je vieillis, et parfois laisse éteindre
Le peu d'encens dont je nourris mes dieux.
Quand la plus tendre était la plus jolie,
Des fers alors m'auraient paru bien lourds.
J'entends au loin l'archet de la folie :
O mes amis, prolongez d'heureux jours !

Mais accourez, dès qu'une longue ivresse
Du calme enfin vous impose la loi.
Dernier rayon, qu'un reste d'allégresse
Brille en vos yeux et vienne jusqu'à moi.
Dans vos plaisirs ainsi je me replie ;
Je suis vos pas, je chante vos amours.
J'entends au loin l'archet de la folie :
O mes amis, prolongez d'heureux jours !

Les chansons forment deux vol. in-18, du prix de 8 fr. et 9 fr. par la poste.

A PARIS,

CHEZ BAUDOUIN FRÈRES, ÉDITEURS, RUE DE VAUGIRARD, N°. 17.

CHANSONS

DE

P.-J. DE BÉRANGER.

PARIS. — IMPRIMERIE DE FAIN,
RUE RACINE, N°. 4, PLACE DE L'ODÉON.

CHANSONS

DE

P.-J. DE BÉRANGER.

Nouvelle Édition.

TOME SECOND.

PARIS.
BAUDOUIN FRÈRES, ÉDITEURS,
RUE DE VAUGIRARD, N°. 17.
1826.

CHANSONS.

LA MORT SUBITE.

COUPLETS POUR UN DINER.

Air : Du Ballet des Pierrots.

Mes amis, j'accours au plus vite,
Car vous ne pardonneriez pas,
A moins, dit-on, de mort subite,
De manquer à ce gai repas.
En vain l'amour qui me lutine,
Pour m'arrêter tente un effort.
Avec vous il faut que je dîne,
Mes amis, je ne suis pas mort.

Mais bien souvent, quoiqu'heureux d'être,
On meurt sans s'en apercevoir.
Ah ! mon Dieu ! je suis mort peut-être,
C'est ce qu'il est urgent de voir.

Je me tâte comme Sosie ;
Je ris, je mange et je bois fort.
Ah ! je me connais à la vie :
Mes amis, je ne suis pas mort.

Si j'allais, couronné de lierre,
Ici, fermer les yeux soudain ;
En chantant, remplissez mon verre,
Et de vos mains pressez ma main.
Si Bacchus, dont je suis l'apôtre,
Ne m'inspire un joyeux transport,
Si ma main ne serre la vôtre :
Adieu, mes amis, je suis mort !

LES CINQUANTE ÉCUS.

Air : Martin est fort bon garçon.

Grace à Dieu je suis héritier !
    Le métier
    De rentier
Me sied et m'enchante.

Travailler serait un abus ;
J'ai cinquante écus,
J'ai cinquante écus,
J'ai cinquante écus de rente.

Mes amis, la terre est à moi.
J'ai de quoi
Vivre en roi
Si l'éclat me tente.
Les honneurs me sont dévolus ;
J'ai cinquante écus,
J'ai cinquante écus,
J'ai cinquante écus de rente.

Pour user des droits d'un richard,
Sans retard
Sur un char
De forme élégante,
Fuyons mes créanciers confus.
J'ai cinquante écus,
J'ai cinquante écus,
J'ai cinquante écus de rente.

Adieu Surène et ses coteaux !
Le Bordeaux,
Le Mursaulx,

4

L'Aï que l'on chante,
Vont donc enfin m'être connus.
J'ai cinquante écus,
J'ai cinquante écus,
J'ai cinquante écus de rente.

Parez-vous, Lise, mes amours,
Des atours
Que toujours
La richesse invente;
Le clinquant ne vous convient plus :
J'ai cinquante écus,
J'ai cinquante écus,
J'ai cinquante écus de rente.

Pour mes hôtes, vous que je prends,
Amis francs,
Vieux parens,
Sœur jeune et fringante,
Soyez logés, nourris, vêtus ;
J'ai cinquante écus,
J'ai cinquante écus,
J'ai cinquante écus de rente.

Amis, bons vins, loisirs, amours,
Pour huit jours,

Des plus courts,
Comblez mon attente ;
Le fonds suivra les revenus.
J'ai cinquante écus,
J'ai cinquante écus,
J'ai cinquante écus de rente.

LE CARNAVAL DE 1818.

Air : A ma Margot du bas en haut.

On crie à la ville, à la cour : } bis.
Ah ! qu'il est court ! ah ! qu'il est court !

Des veuves, des filles, des femmes,
Tu dois craindre les épigrammes.
Carnaval, dont chacun pâtit,
Dis-nous qui t'a fait si petit.
Carnaval (bis), ah ! comment nos belles
T'accueilleront-elles ?
On crie à la ville, à la cour :
Ah ! qu'il est court ! ah ! qu'il est court !

Chez nous quand si peu tu demeures,
Des prières de quarante heures
Les heures qu'on retranchera
Sont tout ce qu'on y gagnera.
Carnaval (*bis*), ah ! comment nos belles
   T'accueilleront-elles ?
On crie à la ville, à la cour :
Ah ! qu'il est court ! ah ! qu'il est court !

Vendu sans doute au ministère,
Tu ne viens qu'afin qu'on t'enterre,
Quand sur toi nous avions compté
Pour quelques jours de liberté.
Carnaval (*bis*), ah ! comment nos belles
   T'accueilleront-elles ?
On crie à la ville, à la cour :
Ah ! qu'il est court ! ah ! qu'il est court :

Des ministres, oui, je le gage,
A la chambre, on te croit l'ouvrage ;
Et contre eux enfin déclaré,
Le ventre même a murmuré.
Carnaval (*bis*), ah ! comment nos belles
   T'accueilleront-elles ?

On crie à la ville, à la cour :
Ah ! qu'il est court, ah ! qu'il est court !

Dis-moi, ta maigreur sans égale
Est-elle une leçon morale
Que chez nous, en venant dîner,
Wellington veut encor donner ?
Carnaval (*bis*), ah ! comment nos belles
    T'accueilleront-elles ?
On crie à la ville, à la cour :
Ah ! qu'il est court ! ah ! qu'il est court !

En France on vit de sacrifice.
Aurait-on craint que la police,
Toujours prête à nous égayer,
N'eût trop de masques à payer ?
Carnaval (*bis*), ah ! comment nos belles
    T'accueilleront-elles ?
On crie à la ville, à la cour :
Ah ! qu'il est court, ah ! qu'il est court !

LE RETOUR DANS LA PATRIE.

Air : Suzon sortant de son village.
ou : Votre fortune est faite.

Qu'il va lentement le navire
A qui j'ai confié mon sort !
Au rivage où mon cœur aspire,
Qu'il est lent à trouver un port !
    France adorée !
    Douce contrée !
Mes yeux cent fois ont cru te découvrir.
    Qu'un vent rapide
    Soudain nous guide
Aux bords sacrés où je reviens mourir.
Mais enfin le matelot crie :
Terre ! terre ! là-bas, voyez !
Ah ! tous mes maux sont oubliés.
    Salut à ma patrie !   (ter.)

Oui, voilà les rives de France ;
Oui, voilà le port vaste et sûr,

Voisin des champs où mon enfance
S'écoula sous un chaume obscur.
    France adorée !
    Douce contrée !
Après vingt ans, enfin, je te revois.
    De mon village
    Je vois la plage ;
Je vois fumer la cime de nos toits.
  Combien mon âme est attendrie !
  Là furent mes premiers amours ;
  Là, ma mère m'attend toujours.
    Salut à ma patrie !

Loin de mon berceau, jeune encore,
L'inconstance emporta mes pas
Jusqu'au sein des mers où l'aurore
Sourit aux plus riches climats.
    France adorée !
    Douce contrée !
Dieu te devait leurs fécondes chaleurs.
    Toute l'année,
    Là, brille ornée
De fleurs, de fruits, et de fruits et de fleurs.
  Mais là, ma jeunesse flétrie
  Rêvait à des climats plus chers ;

Là, je regrettais nos hivers,
    Salut à ma patrie !

J'ai pu me faire une famille,
Et des trésors m'étaient promis.
Sous un ciel où le sang pétille,
A mes vœux l'amour fut soumis.
        France adorée !
        Douce contrée !
Que de plaisirs quittés pour te revoir !
        Mais sans jeunesse,
        Mais sans richesse,
Si d'être aimé je dois perdre l'espoir ;
    De mes amours, dans la prairie,
    Les souvenirs seront présens ;
    C'est du soleil pour mes vieux ans,
        Salut à ma patrie !

    Poussé chez des peuples sauvages
    Qui m'offraient de régner sur eux,
    J'ai su défendre leurs rivages
        Contre des ennemis nombreux.
        France adorée !
        Douce contrée !
Tes champs alors gémissaient envahis.

VI

Puissance et gloire,
Cris de victoire,
Rien n'étouffa la voix de mon pays;
De tout quitter mon cœur me prie :
Je reviens pauvre, mais constant.
Une bêche est là qui m'attend.
Salut à ma patrie.

Au bruit des transports d'allégresse,
Enfin le navire entre au port.
Dans cette barque où l'on se presse,
Hâtons-nous d'atteindre le bord.
France adorée !
Douce contrée !
Puissent tes fils te revoir ainsi tous !
Enfin j'arrive,
Et sur la rive
Je rends au ciel, je rends grâce à genoux.
Je t'embrasse, ô terre chérie !
Dieu ! qu'un exilé doit souffrir !
Moi, désormais, je puis mourir.
Salut à ma patrie !

LE VENTRU,

ou

COMPTE RENDU DE LA SESSION DE 1818, AUX ÉLECTEURS DU DÉPARTEMENT DE... PAR M***.

Air : J'ons un curé patriote.
ou Du sénateur.

ÉLECTEURS de ma province,
Il faut que vous sachiez tous
Ce que j'ai fait pour le prince,
Pour la patrie et pour vous.
L'État n'a point dépéri :
Je reviens gras et fleuri.
 Quels dînés,
 Quels dînés } bis.
Les ministres m'ont donnés !
Oh ! que j'ai fait de bons dînés !

Au ventre toujours fidèle,
J'ai pris, suivant ma leçon,

Place à dix pas de Villèle,
A quinze de d'Argenson.
Car dans ce ventre étoffé
Je suis entré tout truffé.
  Quels dînés,
  Quels dînés
Les ministres m'ont donnés !
Oh ! que j'ai fait de bons dînés !

Comme il faut au ministère
Des gens qui parlent toujours,
Et hurlent pour faire taire
Ceux qui font de bons discours :
J'ai parlé, parlé, parlé ;
J'ai hurlé, hurlé, hurlé.
  Quels dînés,
  Quels dînés
Les ministres m'ont donnés !
Oh ! que j'ai fait de bons dînés !

Si la presse a des entraves,
C'est que je l'avais promis ;
Si j'ai bien parlé des braves,
C'est qu'on me l'avait permis.
J'aurais voté dans un jour

Dix fois contre et dix fois pour.
>Quels dînés,
>Quels dînés
Les ministres m'ont donnés !
Oh ! que j'ai fait de bons dînés !

J'ai repoussé les enquêtes,
Afin de plaire à la cour :
J'ai, sur toutes les requêtes,
Demandé *l'ordre du jour.*
Au nom du Roi, par mes cris,
J'ai rebanni les proscrits.
>Quels dînés,
>Quels dînés
Les ministres m'ont donnés !
Oh ! que j'ai fait de bons dînés !

Des dépenses de police
J'ai prouvé l'utilité ;
Et non moins Français qu'un Suisse,
Pour les Suisses j'ai voté.
Gardons bien, et pour raison,
Ces amis de la Maison.
>Quels dînés,
>Quels dînés

Les ministres m'ont donnés !
Oh ! que j'ai fait de bons dînés !

Malgré des calculs sinistres,
Vous paîrez, sans y songer,
L'étranger et les ministres,
Les ventrus et l'étranger.
Il faut que, dans nos besoins,
Le peuple dîne un peu moins.
  Quels dînés,
  Quels dînés
Les ministres m'ont donnés !
Oh ! que j'ai fait de bons dînés !

Enfin, j'ai fait mes affaires :
Je suis procureur du roi ;
J'ai placé deux de mes frères ;
Mes trois fils ont de l'emploi.
Pour les autres sessions,
J'ai cent invitations.
  Quels dînés,
  Quels dînés
Les ministres m'ont donnés !
Oh ! que j'ai fait de bons dînés !

LA COURONNE.

COUPLETS CHANTÉS PAR UN ROI DE LA FÈVE.

AIR :

Grace à la fève, je suis roi.
Nous le voulons : versez à boire !
Ça, mes sujets, couronnez-moi !
Et qu'on porte envie à ma gloire.
A l'espoir du rang le plus beau
Point de cœur qui ne s'abandonne.
Nul n'est content de son chapeau ;
Chacun voudrait une couronne.

Un roi sur son front obscurci
Porte une couronne éclatante.
Le pâtre a sa couronne aussi,
Couronne de fleurs qui me tente.
A l'un le ciel la fait payer ;
Mais au berger l'amour la donne :

Le roi l'ôte pour sommeiller;
Colin dort avec sa couronne.

Le Français, poëte et guerrier,
Sert les muses et la victoire.
Le front ceint d'un double laurier,
Il triomphe et chante sa gloire.
Quand du rang qu'il doit occuper
Il tombe, trahi par Bellone,
Le sceptre lui peut échapper,
Mais il conserve sa couronne.

Belles, vous portez à quinze ans
La couronne de l'innocence:
Bientôt viennent les courtisans;
Comme les rois on vous encense;
Comme eux de piéges séducteurs
L'artifice vous environne:
Vous n'écoutez que vos flatteurs,
Et vous perdez votre couronne.

Perdre une couronne! A ces mots
Chacun doit penser à la sienne.
Je n'ai point doublé les impôts;
Je n'ai point de noblesse ancienne.

Mon peuple, buvons de concert :
La place me paraît si bonne !
N'allez pas avant le dessert
Me faire abdiquer la couronne.

LE BON MÉNAGE.

Air : De la Légère,
ou Moi je flane.

Commissaire !
Commissaire !
Colin bat sa ménagère.
Commissaire,
Laissez faire ;
Pour l'amour
C'est un beau jour.

Commissaire du quartier,
Cela point ne vous regarde ;
Point n'est besoin de la garde
Qu'appelle en vain le portier.
Oui, Colin bat sa Colette ;
Mais ainsi, tous les lundis,

L'amour, aux cris qu'elle jette,
S'éveille dans leur taudis.

  Commissaire !
  Commissaire !
 Colin bat sa ménagère.
  Commissaire,
  Laissez faire ;
  Pour l'amour
  C'est un beau jour.

Colin est un gros garçon
Qui chante dès qu'il s'éveille.
Colette, ronde et vermeille,
A la gaîté du pinson.
Chez eux la haine est sans force ;
Car tous deux de leur plein gré,
Pour se passer du divorce,
Se sont passés du curé.

  Commissaire !
  Commissaire !
 Colin bat sa ménagère.
  Commissaire,
  Laissez faire ;

Pour l'amour
C'est un beau jour.

Bras dessus et bras dessous,
Chaque soir à la guinguette,
S'en vont Colin et Colette
Sabler du vin à six sous.
C'est pour trinquer sous l'ombrage
Où, sans témoin, fut passé
Leur contrat de mariage
Sur un banc qu'ils ont cassé.

Commissaire !
Commissaire !
Colin bat sa ménagère.
Commissaire,
Laissez faire ;
Pour l'amour
C'est un beau jour.

Parfois, pour d'autres attraits
Colin se met en dépense ;
Mais Colette a pris l'avance,
Et s'en venge encore après.
On aura fait quelque conte,
Et de dépit transportés

Peut-être ils règlent le compte
De leurs infidélités.

  Commissaire !
  Commissaire !
Colin bat sa ménagère.
  Commissaire,
  Laissez faire ;
  Pour l'amour
  C'est un beau jour.

Commissaire du quartier,
Cela point ne vous regarde ;
Point n'est besoin de la garde
Qu'appelle en vain le portier.
Déjà, sans doute, on s'embrasse ;
Et dans son lit, à loisir,
Demain Colette, un peu lasse,
Ne s'en prendra qu'au plaisir.

  Commissaire !
  Commissaire !
Colin bat sa ménagère.
  Commissaire,
  Laissez faire ;
  Pour l'amour
  C'est un beau jour.

LE CHAMP D'ASILE.

(AOUT 1818.)

Air : Romance de Bélisaire. (Par GARAT.)

Un chef de bannis courageux,
Implorant un lointain asile,
A des sauvages ombrageux
Disait : « L'Europe nous exile:
» Heureux enfans de ces forêts,
» De nos maux apprenez l'histoire :
» Sauvages ! nous sommes Français,
» Prenez pitié de notre gloire.

» Elle épouvante encor les rois,
» Et nous bannit des humbles chaumes
» D'où sortis pour venger nos droits
» Nous avons dompté vingt royaumes.
» Nous courions conquérir la paix
» Qui fuyait devant la victoire.

» Sauvages ! nous sommes Français,
» Prenez pitié de notre gloire.

» Dans l'Inde, Albion a tremblé
» Quand de nos soldats intrépides
» Les chants d'allégresse ont troublé
» Les vieux échos des pyramides.
» Les siècles pour tant de hauts faits
» N'auront point assez de mémoire.
» Sauvages! nous sommes Français,
» Prenez pitié de notre gloire.

» Un homme enfin sort de nos rangs,
» Il dit : « Je suis le dieu du monde. »
» L'on voit soudain les rois errans
» Conjurer sa foudre qui gronde.
» De loin saluant son palais,
» A ce dieu seul ils semblaient croire.
» Sauvages! nous sommes Français,
» Prenez pitié de notre gloire.

» Mais il tombe ; et nous, vieux soldats,
» Qui suivions un compagnon d'armes,
» Nous voguons jusqu'en vos climats,
» Pleurant la patrie et ses charmes.

» Qu'elle se relève à jamais
» Du grand naufrage de la Loire !
» Sauvages, nous sommes Français,
» Prenez pitié de notre gloire. »

Il se tait. Un sauvage alors
Répond : « Dieu calme les orages.
» Guerriers ! partagez nos trésors,
» Ces champs, ces fleuves, ces ombrages.
» Gravons sur l'arbre de la paix
» Ces mots d'un fils de la victoire :
» Sauvages ! nous sommes Français,
» Prenez pitié de notre gloire. »

Le champ d'asile est consacré ;
Élevez-vous, cité nouvelle !
Soyez-nous un port assuré
Contre la fortune infidèle.
Peut-être aussi des plus hauts faits
Nos fils vous racontant l'histoire,
Vous diront : Nous sommes Français,
Prenez pitié de notre gloire.

LA MORT DE CHARLEMAGNE.

Air : Le bruit des roulettes gâte tout.
ou : Vaudeville du Bûcheron.

Dans le vieux Roman de la Rose
J'ai vu que le fils de Pépin,
Redoutant son apothéose,
Disait à l'évêque Turpin :
Prélat, sois bon à quelque chose ;
L'âge m'accable, guéris-moi.
Oui, lui dit Turpin, et vive le roi (*bis*) !

Turpin, sais-tu qu'on me répète
Ce mot-là depuis bien long-temps?
Turpin répond : j'ai la recette
D'un cœur de vierge de vingt ans.
Fleur de vingt ans, vertu parfaite
Vous rajeunira, sur ma foi.
Sauvons la patrie, et vive le roi (*bis*) !

F....

Vite, un décret de Charlemagne
Met un haut prix à ce trésor;
On cherche à Rome, en Allemagne,
Même en France on le cherche encor.
Les curés cherchaient en campagne,
Disant: Ce prince plein de foi
Doublera la dîme et vive le roi (*bis*)!

Turpin d'abord trouve lui-même
Cœur de vingt ans non profané;
Mais un bon moine de Télême
Le croque à l'instant sous son né.
Quoi! sans respect du diadème?
Oui, dit le moine, c'est ma loi.
L'église avant tout, et vive le roi (*bis*)!

Un juge, espérant la simarre,
Loin de Paris cherche si bien,
Qu'il découvre aussi l'oiseau rare
Qu'attendait le roi très-chrétien.
Un seigneur dit: Je m'en empare;
Le droit de jambage est à moi.
Tout pour la noblesse, et vive le roi (*bis*)!

Je serai duc! s'écrie un page,
Dénichant enfin à son tour

Fille de vingt ans neuve et sage,
Que soudain il mène à la cour.
On illumine à son passage ;
Et le peuple, qui sait pourquoi,
Chante un *Te Deum*, et vive le roi (*bis*) !

Mais en voyant le doux remède,
Le roi dit : C'est l'esprit malin.
Fi donc ! cette vierge est trop laide ;
Mieux vaut mourir comme un vilain.
Or, il meurt, son fils lui succède,
Et Turpin répète au convoi :
Vite, qu'on l'enterre, et vive le roi (*bis*) !

LE VENTRU

AUX ÉLECTIONS DE 1819.

Air : Faut d'la vertu.
ou : La seul' prom'nade.

Autour du pot c'est trop tourner, }
Messieurs ! l'on m'attend pour dîner. } bis.

Électeurs, j'ai, sans nul mystère,
Fait de bons dîners l'an passé ;
On met la table au ministère,
Renommez-moi, je suis pressé.
Autour du pot c'est trop tourner,
Messieurs ! l'on m'attend pour dîner.

Préfets, que tout nous réussisse ;
Et du moins vous conserverez,
Si l'on vous traduit en justice,
Le droit de choisir les jurés.

Autour du pot c'est trop tourner,
Messieurs! l'on m'attend pour dîner.

Maire, soignez bien mes affaires;
Vous courez aussi des dangers.
Si les villes nommaient leurs maires,
Moins de loups deviendraient bergers.

Autour du pot c'est trop tourner,
Messieurs! l'on m'attend pour dîner.

Dévots, j'ai la foi la plus forte;
A Dieu je dis chaque matin :
Faites qu'à cent écus l'on porte
La patente d'ignorantin.

Autour du pot c'est trop tourner,
Messieurs! l'on m'attend pour dîner.

Ultras, c'est moi qu'il faut qu'on nomme;
Faisons la paix, preux chevaliers :
N'oubliez pas que je suis homme
A manger à deux râteliers.

Autour du pot c'est trop tourner,
Messieurs! l'on m'attend pour dîner.

Libéraux, dans vos doléances,
Pourquoi donc vous en prendre à moi,
Quand le creuset des ordonnances
Peut faire évaporer la loi?

Autour du pot c'est trop tourner,
Messieurs! l'on m'attend pour dîner.

Les emplois étant ma ressource,
Aux impôts dois-je m'opposer?
Par honneur je remplis la bourse
Où par devoir j'aime à puiser.

Autour du pot c'est trop tourner,
Messieurs! l'on m'attend pour dîner.

On craindrait l'équité farouche
D'un tas d'orateurs éclatans;
Moi, dès que j'ouvrirai la bouche,
Les ministres seront contens.

Autour du pot c'est trop tourner,
Messieurs! l'on m'attend pour dîner.

LA NATURE.

Air : Ah ! que de chagrins dans la vie. (Lantara.)

Combien la nature est féconde
En plaisirs ainsi qu'en douleurs !
De noirs fléaux couvrent le monde
De débris, de sang et de pleurs (*bis*).
Mais à ses pieds la beauté nous attire ;
Mais des raisins le nectar est foulé.
Coulez, bons vins ; femmes, daignez sourire ; } *bis.*
Et l'univers est consolé.

Chaque pays eut son déluge.
Hélas ! peut-être, jour et nuit,
Une arche est encor le refuge
De mortels que l'onde poursuit.
Sitôt qu'Iris brille sur leur navire,
Et que vers eux la colombe a volé,
Coulez, bons vins ; femmes, daignez sourire ;
Et l'univers est consolé.

Quel autre champ de funérailles !
L'Etna s'agite, et, furieux,
Semble, du fond de ses entrailles,
Vomir l'enfer contre les cieux.
Mais pour renaître enfin sa rage expire :
Il se rasseoit sur le monde ébranlé.
Coulez, bons vins ; femmes, daignez sourire ;
Et l'univers est consolé.

Dieu ! que de souffrances nouvelles !
L'affreux vautour de l'Orient,
La peste a déployé ses ailes
Sur l'homme, qui tombe en fuyant.
Le ciel s'apaise et la pitié respire.
On tend la main au malade exilé.
Coulez, bons vins ; femmes, daignez sourire ;
Et l'univers est consolé.

Mars enfin comble nos misères :
Des rois nous payons les défis.
Humide encor du sang des pères,
La terre boit le sang des fils.
Mais l'homme aussi se lasse de détruire,
Et la nature à son cœur a parlé.

oulez, bons vins ; femmes, daignez sourire ;
  Et l'univers est consolé.

Ah ! loin d'accuser la nature,
Du printemps chantons le retour :
Des roses de sa chevelure
Parfumons la joie et l'amour.
algré l'horreur que l'esclavage inspire,
ur les débris d'un empire écroulé,
oulez, bons vins ; femmes, daignez sourire ;
  Et l'univers est consolé.

ES CARTES, ou L'HOROSCOPE.

Air : De la petite Gouvernante.
ou : De la République.

Tandis qu'en faisant sa prière,
Au coin du feu maman s'endort,
Peu faite pour être ouvrière,
Dans les cartes cherchons mon sort.
man dirait : craignez les bagatelles !
  Le diable est fin. Tremblez, Suzon !

Mais j'ai seize ans : les cartes seront belles. } *bis*
   Les cartes ont toujours raison,
   Toujours raison, toujours raison.

   Amour, enfant ou mariage,
   Sachons ce qui m'attend ici.
   J'ai certain amant qui voyage :
   Valet de cœur ? Bon ! le voici.
Pour une veuve, aux pleurs il me condamne.
   L'ingrat l'épouse, ô trahison !
J'entre au couvent ; mon confesseur se damne.
   Les cartes ont toujours raison,
   Toujours raison, toujours raison.

   Au parloir, témoin de mes larmes,
   Le roi de carreau vient souvent :
   C'est un prince épris de mes charmes;
   Il m'enlève de mon couvent.
Par des cadeaux son Altesse m'entraîne
   Jusqu'à sa petite maison.
La nuit survient, et je suis presque reine.
   Les cartes ont toujours raison,
   Toujours raison, toujours raison.

   Je suis le prince à la campagne,
   On vient lui parler contre moi.

En secret un brun m'accompagne ;
Tout se découvre : adieu mon roi !
Un de perdu j'en vois arriver douze ;
J'enflamme un campagnard grison :
Je suis cruelle, et celui-là m'épouse.
Les cartes ont toujours raison,
Toujours raison, toujours raison.

En ménage d'une semaine,
Dans un char je brille à Paris.
C'est le roi de trèfle qui mène ;
Mon mari gronde, et je m'en ris :
Dieu ! l'amour fuit à l'aspect d'une vieille !
En ai-je passé la saison ?
Eh ! non vraiment, c'est maman qui s'éveille.
Les cartes ont toujours raison,
Toujours raison, toujours raison.

LA SAINTE ALLIANCE

DES PEUPLES.

CHANSON CHANTÉE A LIANCOURT, POUR LA FÊ[TE]
DONNÉE PAR M. LE DUC DE LA ROCHEFOUCAUL[D]
EN RÉJOUISSANCE DE L'ÉVACUATION DU TER[RI]
TOIRE FRANÇAIS, AU MOIS D'OCTOBRE 1818.

AIR : Du Dieu des bonnes gens.

J'AI vu la paix descendre sur la terre,
Semant de l'or, des fleurs et des épis.
L'air était calme, et du Dieu de la guerre
Elle étouffait les foudres assoupis.
« Ah ! disait-elle, égaux par la vaillance,
» Français, Anglais, Belge, Russe ou Germai[n]
» Peuples, formez une sainte alliance,
   » Et donnez-vous la main.

» Pauvres mortels, tant de haine vous lasse;
» Vous ne goûtez qu'un pénible sommeil.
» D'un globe étroit divisez mieux l'espace;

» Chacun de vous aura place au soleil.
» Tous attelés au char de la puissance,
» Du vrai bonheur vous quittez le chemin.
» Peuples, formez une sainte alliance,
   » Et donnez-vous la main.

» Chez vos voisins vous portez l'incendie ;
» L'aquilon souffle, et vos toits sont brûlés
» Et quand la terre est enfin refroidie,
» Le soc languit sous des bras mutilés.
» Près de la borne où chaque état commence,
» Aucun épi n'est pur de sang humain.
» Peuples, formez une sainte alliance,
   » Et donnez-vous la main.

» Des potentats, dans vos cités en flammes,
» Osent du bout de leur sceptre insolent
» Marquer, compter et recompter les âmes
» Que leur adjuge un triomphe sanglant.
» Faibles troupeaux, vous passez sans défense,
» D'un joug pesant, sous un joug inhumain.
» Peuples, formez une sainte alliance,
   » Et donnez-vous la main.

» Que Mars en vain n'arrête point sa course ;
» Fondez des lois dans vos pays souffrans.

» De votre sang ne livrez plus la source.
» Aux rois ingrats, aux vastes conquérans.
» Des astres faux conjurez l'influence ;
» Effroi d'un jour, ils pâliront demain.
» Peuples, formez une sainte alliance,
　» Et donnez-vous la main.

» Oui, libre enfin, que le monde respire ;
» Sur le passé jetez un voile épais.
» Semez vos champs aux accords de ma lyre ;
» L'encens des arts doit brûler pour la paix.
» L'espoir riant, au sein de l'abondance,
» Accueillera les doux fruits de l'hymen.
» Peuples, formez une sainte alliance,
　» Et donnez-vous la main. »

Ainsi parlait cette vierge adorée,
Et plus d'un roi répétait ses discours.
Comme au printemps la terre était parée ;
L'automne en fleurs rappelait les amours.
Pour l'étranger coulez, bons vins de France :
De sa frontière il reprend le chemin.
Peuples, formons une sainte alliance,
　Et donnons-nous la main.

ROSETTE.

Air :

Sans respect pour votre printemps,
Quoi ! vous me parlez de tendresse,
Quand sous le poids de quarante ans
Je vois succomber ma jeunesse !
Je n'eus besoin pour m'enflammer
Jadis que d'une humble grisette.
Ah ! que ne puis-je vous aimer
Comme autrefois j'aimais Rosette !

Votre équipage, tous les jours,
Vous montre en parure brillante.
Rosette, sous de frais atours,
Courait à pied, leste et riante.
Partout ses yeux pour m'alarmer
Provoquaient l'œillade indiscrète.
Ah ! que ne puis-je vous aimer
Comme autrefois j'aimais Rosette !

Dans le satin de ce boudoir,
Vous souriez à mille glaces.
Rosette n'avait qu'un miroir :
Je le croyais celui des Grâces.
Point de rideaux pour s'enfermer ;
L'aurore égayait sa couchette.
Ah! que ne puis-je vous aimer
Comme autrefois j'aimais Rosette !

Votre esprit, qui brille éclairé,
Inspirerait plus d'une lyre.
Sans honte je vous l'avoûrai,
Rosette à peine savait lire.
Ne pouvait-elle s'exprimer,
L'amour lui servait d'interprète.
Ah! que ne puis-je vous aimer
Comme autrefois j'aimais Rosette !

Elle avait moins d'attraits que vous ;
Même elle avait un cœur moins tendre :
Oui, ses yeux se tournaient moins doux
Vers l'amant, heureux de l'entendre.
Mais elle avait, pour me charmer,
Sa jeunesse, que je regrette.
Ah! que ne puis-je vous aimer
Comme autrefois j'aimais Rosette !

LES RÉVÉRENDS PÈRES.

(DÉCEMBRE 1819.)

Air : Bonjour, mon ami Vincent.
ou : Patati patata.

Hommes noirs, d'où sortez-vous ?
Nous sortons de dessous terre.
Moitié renards, moitié loups,
Notre règle est un mystère.
Nous sommes fils de Loyola ;
Vous savez pourquoi l'on nous exila.
Nous rentrons ; songez à vous taire,
Et que vos enfans suivent nos leçons.
C'est nous qui fessons
Et qui refessons
Les jolis petits, les jolis garçons.

Un pape nous abolit :
Il mourut dans les coliques.
Un pape nous rétablit ;

Nous en ferons des reliques.
 Confessons, pour être absolus :
Henri IV est mort, qu'on n'en parle plus.
 Vivent les rois bons catholiques !
Pour Ferdinand VII nous nous prononçons.
  Et puis nous fessons,
  Et nous refessons
Les jolis petits, les jolis garçons.

  Par le grand homme du jour
  Nos maisons sont protégées.
  Oui, d'un baptême de cour
  Voyez en nous les dragées (1).
 Le favori par tant d'égards
Espère acquérir de pieux mouchards.
 Encor quelques lois de changées,
Et, pour le sauver, nous le renversons.
  Et puis nous fessons,
  Et nous refessons
Les jolis petits, les jolis garçons.

  Si tout ne changeait dans peu,
  Si l'on croyait la canaille,

(1) M. le duc D.... venait de faire baptiser son fils.

La charte serait de feu,
Et le monarque de paille.
Nous avons le secret d'en haut :
La charte de paille est ce qu'il nous faut.
C'est litière pour la prêtraille :
Elle aura la dîme et nous les moissons.
  Et puis nous fessons,
  Et nous refessons
Les jolis petits, les jolis garçons.

Du fond d'un certain palais,
Nous dirigeons nos attaques.
Les moines sont nos valets :
On a refait leurs casaques.
Les missionnaires sont tous
Commis voyageurs, trafiquant pour nous.
Les capucins sont nos cosaques :
A prendre Paris nous les exerçons.
  Et puis nous fessons,
  Et nous refessons
Les jolis petits, les jolis garçons.

Enfin, reconnaissez-nous
Aux âmes déjà séduites.
Escobard va sous nos coups

Voir vos écoles détruites.
Au pape rendez tous ses droits ;
Léguez-nous vos biens et portez nos croix :
Nous sommes, nous sommes jésuites.
Français, tremblez tous ; nous vous bénissons!
Et puis nous fessons,
Et nous refessons
Les jolis petits, les jolis garçons.

LES ENFANS DE LA FRANCE.

(1819.)

Air : Vaudeville de Turenne.
ou : De la Colonne.

Reine du monde, ô France, ô ma patrie !
Soulève enfin ton front cicatrisé.
Sans qu'à tes yeux leur gloire en soit flétrie,
De tes enfans l'étendard s'est brisé. (*bis.*)
Quand la fortune outrageait leur vaillance,
Quand de tes mains tombait ton sceptre d'or,

Tes ennemis disaient encor :
Honneur aux enfans de la France ! (*bis.*)

De tes grandeurs tu sus te faire absoudre,
France, et ton nom triomphe des revers.
Tu peux tomber, mais c'est comme la foudre
Qui se relève et gronde au haut des airs.
Le Rhin aux bords ravis à ta puissance
Porte à regret le tribut de ses eaux ;
Il crie au fond de ses roseaux :
Honneur aux enfans de la France !

Pour effacer des coursiers du Barbare
Les pas empreints dans tes champs profanés,
Jamais le ciel te fut-il moins avare ?
D'épis nombreux vois ces champs couronnés.
D'un vol fameux prompts à venger l'offense,
Vois les beaux-arts consoler leurs autels,
Y graver en traits immortels :
Honneur aux enfans de la France.

Prête l'oreille aux accens de l'histoire :
Quel peuple ancien devant toi n'a tremblé ?
Quel nouveau peuple, envieux de ta gloire,
Ne fut cent fois de ta gloire accablé ?

En vain l'Anglais a mis dans la balance
L'or que pour vaincre ont mendié les rois,
   Des siècles entends-tu la voix ?
Honneur aux enfans de la France !

Dieu, qui punit le tyran et l'esclave,
Veut te voir libre, et libre pour toujours.
Que tes plaisirs ne soient plus une entrave :
La liberté doit sourire aux amours.
Prends son flambeau, laisse dormir sa lance,
Instruis le monde, et cent peuples divers
   Chanteront en brisant leurs fers :
Honneur aux enfans de la France !

Relève-toi, France, reine du monde !
Tu vas cueillir tes lauriers les plus beaux.
Oui, d'âge en âge, une palme féconde
Doit de tes fils protéger les tombeaux.
Que près du mien, telle est mon espérance,
Pour la patrie admirant mon amour,
   Le voyageur répète un jour :
Honneur aux enfans de la France !

LES MIRMIDONS,

OU

ES FUNÉRAILLES D'ACHILLE.

(DÉCEMBRE 1819.)

Air : Vaudeville de la Garde nationale.
ou : Petit bon homme, prends ta hache.

CHOEURS.

Mirmidons, race féconde,
    Mirmidons,
Enfin nous commandons :
Jupiter livre le monde
Aux mirmidons, aux mirmidons.   (*bis.*)

Voyant qu'Achille succombe,
Ses mirmidons, hors des rangs,
Disent : Dansons sur sa tombe :
Les petits vont être grands.

Mirmidons, race féconde,
Mirmidons,
Enfin nous commandons :
Jupiter livre le monde
Aux mirmidons, aux mirmidons.

D'Achille tournant les broches,
Pour engraisser nous rampions :
Il tombe, sonnons les cloches ;
Allumons tous nos lampions.

Mirmidons, race féconde,
Mirmidons,
Enfin nous commandons :
Jupiter livre le monde
Aux mirmidons, aux mirmidons.

De l'armée et de la flotte
Les gens seront mal menés.
Rendons-leur les coups de botte
Qu'Achille nous a donnés.

Mirmidons, race féconde,
Mirmidons,
Enfin nous commandons ;

Jupiter livre le monde
Aux mirmidons, aux mirmidons.

Toi, *Mironton*, *mirontaine*,
Prends l'arme de ce héros ;
Puis, en vrai Croquemitaine,
Tu feras peur aux marmots.

Mirmidons, race féconde,
     Mirmidons,
 Enfin nous commandons :
Jupiter livre le monde
Aux mirmidons, aux mirmidons.

De son habit de bataille,
Qu'ont respecté les boulets,
A dix rois de notre taille
Faisons dix habits complets.

Mirmidons, race féconde,
     Mirmidons,
 Enfin nous commandons :
Jupiter livre le monde
Aux mirmidons, aux mirmidons.

Son sceptre, qu'on nous défère,
Est trop pesant et trop long;
Son fouet fait mieux notre affaire:
Trottez, peuples, trottez donc !

Mirmidons, race féconde,
　　Mirmidons,
　Enfin nous commandons :
Jupiter livre le monde
Aux mirmidons, aux mirmidons.

Qu'un Nestor en vain nous crie :
L'ennemi fait des progrès !
Ne parlons plus de patrie,
L'on nous écoute au congrès.

Mirmidons, race féconde,
　　Mirmidons,
　Enfin nous commandons :
Jupiter livre le monde
Aux mirmidons, aux mirmidons.

Forçant les lois à se taire,
Gouvernons sans embarras,
Nous qui mesurons la terre
A la longueur de nos bras.

Mirmidons, race féconde,
  Mirmidons,
 Enfin nous commandons :
Jupiter livre le monde
Aux mirmidons, aux mirmidons.

Achille était poétique ;
Mais, morbleu ! nous l'effaçons.
S'il inspire une œuvre épique,
Nous inspirons des chansons.

Mirmidons, race féconde,
  Mirmidons,
 Enfin nous commandons :
Jupiter livre le monde
Aux mirmidons, aux mirmidons.

Pourtant, d'une peur servile
Parfois rien ne nous défend.
Grands dieux ! c'est l'ombre d'Achille !
Eh ! non : ce n'est qu'un enfant.

Mirmidons, race féconde,
  Mirmidons,

Enfin nous commandons :
Jupiter livre le monde
Aux mirmidons, aux mirmidons.

LES ROSSIGNOLS.

Air : C'est à mon maître en l'art de plaire.

La nuit a ralenti les heures :
Le sommeil s'étend sur Paris.
Charmez l'écho de nos demeures ;
Éveillez-vous, oiseaux chéris.
Dans ces instans où le cœur pense,
Heureux qui peut rentrer en soi !
De la nuit j'aime le silence :
Doux rossignols, chantez pour moi (*bis*).

Doux chantres de l'amour fidèle,
De Phryné fuyez le séjour :
Phryné rend chaque nuit nouvelle
Complice d'un nouvel amour.
En vain des baisers sans ivresse

Ont scellé des sermens sans foi ;
Je crois encore à la tendresse :
Doux rossignols, chantez pour moi.

Pour vous il n'est point de Zoïle ;
Mais croyez-vous, par vos accords,
Toucher l'avare, au cœur stérile,
Qui compte à présent ses trésors ?
Quand la nuit, favorable aux ruses,
Pour son or le remplit d'effroi,
Ma pauvreté sourit aux muses :
Doux rossignols, chantez pour moi.

Vous qui redoutez l'esclavage,
Ah ! refusez vos tendres airs
A ces nobles qui, d'âge en âge,
Pour en donner portent des fers.
Tandis qu'ils veillent en silence,
Debout, auprès du lit d'un roi,
C'est la liberté que j'encense :
Doux rossignols, chantez pour moi.

Mais votre voix devient plus vive :
Non, vous n'aimez pas les méchans.
Du printemps le parfum m'arrive

Avec la douceur de vos chants.
La nature, plus belle encore,
Dans mon cœur va graver sa loi.
J'attends le réveil de l'aurore :
Doux rossignols, chantez pour moi.

HALTE-LÀ !

ou

LE SYSTÈME DES INTERPRÉTATIONS.

CHANSON DE FÊTE POUR MARIE ***.

(1820.)

Air : Halte-là, la Garde Royale est là.

Comment, sans vous compromettre,
Vous tourner un compliment ?
De ne rien prendre à la lettre
Nos juges ont fait serment.
Puis-je parler de Marie ?
V......... dira : « Non.

» C'est la mère d'un messie,
» Le deuxième de son nom.
 » Halte-là (*bis*) !
» Vite, en prison pour cela. »

Dirai-je que la nature
Vous combla d'heureux talens ;
Que les dieux de la peinture
Sont touchés de votre encens ;
Que votre âme encor brisée
Pleure un vol fait par des rois ?
« Ah ! vous pleurez le Musée,
Dit M........ *le Gaulois*
 » Halte-là !
» Vite, en prison pour cela. »

Si je dis que la musique
Vous offre aussi des succès ;
Qu'à plus d'un chant héroïque
S'émeut votre cœur français :
« On ne m'en fait point accroire,
S'écrie H.. radieux :
» Chanter la France et la gloire,
» C'est par trop séditieux.

» Halte-là !
» Vite, en prison pour cela. »

Si je peins la bienfaisance
Et les pleurs qu'elle tarit ;
Si je chante l'opulence
A qui le pauvre sourit ;
J....... d. P........
Dit : « La bonté rend suspect ;
» Et soulager l'infortune,
» C'est nous manquer de respect.
» Halte-là !
» Vite, en prison pour cela. »

En vain l'amitié m'inspire :
Je suis effrayé de tout.
A peine j'ose vous dire
Que c'est le quinze d'août.
« Le quinze d'août ! s'écrie
B..... toujours en fureur :
« Vous ne fêtez pas Marie ;
» Mais vous fêtez l'Empereur !
» Halte-là !
» Vite, en prison pour cela. »

Je me tais donc par prudence
Et n'offre que quelques fleurs.
Grand Dieu ! quelle inconséquence !
Mon bouquet a trois couleurs.
Si cette erreur fait scandale,
Je puis me perdre avec vous.
Mais la clémence royale
Est là pour nous sauver tous......
  Halte-là !
Vite, en prison pour cela.

L'ENFANT DE BONNE MAISON,

ou

MÉMOIRE PRÉSENTÉ A MM. DE L'ÉCOLE DES CHARTRES, CRÉÉE PAR UNE NOUVELLE ORDONNANCE.

Air : De la Treille de sincérité.

 Seuls arbitres
  Du sceau des titres,
Chartriers, rendez-moi l'honneur :
Je suis bâtard d'un grand seigneur.

De votre savoir qui prospère,
J'attends parchemins et blason :
Un bâtard est fils de son père,
Je veux restaurer ma maison.
Oui, plus nobles que certains êtres,
Des priviléges fiers suppôts,
Moi je descends de mes ancêtres :
Que leur âme soit en repos !

Seuls arbitres
　　Du sceau des titres,
Chartriers, rendez-moi l'honneur :
Je suis bâtard d'un grand seigneur.

Ma mère, en illustre personne,
Dédaigna Robins et traitans ;
De l'Opéra sortit baronne,
Et se fit comtesse à trente ans.
Marquise enfin des plus sévères,
Elle nargua les sots propos.
Auprès de mes chastes grand's-mères,
Que son âme soit en repos !

　　　Seuls arbitres
　　Du sceau des titres,
Chartriers, rendez-moi l'honneur :
Je suis bâtard d'un grand seigneur.

Mon père que, sans flatterie,
Je cite avant tous ses aïeux,
Était chevalier d'industrie,
Sans en être moins glorieux.
Comme il avait pour plaire aux dames
De vieux cordons et l'air dispos,

Il vécut aux dépens des femmes :
Que son âme soit en repos !

  Seuls arbitres
  Du sceau des titres,
Chartriers, rendez-moi l'honneur :
Je suis bâtard d'un grand seigneur.

Endetté de plus d'une somme,
Et dans un donjon retiré,
Mon aïeul, en bon gentilhomme,
S'enivrait avec son curé.
Sur le dos des gens du village,
Après boire, il cassait les pots.
Il but ainsi son héritage :
Que son âme soit en repos !

  Seuls arbitres
  Du sceau des titres,
Chartriers, rendez-moi l'honneur :
Je suis bâtard d'un grand seigneur.

Mon bisaïeul, chassant de race,
Fut un comte fort courageux,
Qui, laissant rouiller sa cuirasse,

Joua noblement tous les jeux.
Après une suite traîtresse
De pics, de repics, de capots,
Un as dépouilla son altesse :
Que son âme soit en repos !

  Seuls arbitres
   Du sceau des titres,
Chartriers, rendez-moi l'honneur :
Je suis bâtard d'un grand seigneur.

Mon trisaïeul, roi légitime
D'un pays fort mal gouverné,
Tranchait parfois du magnanime,
Surtout quand il avait dîné.
Mais les plaisirs de ce grand prince
Ayant absorbé les impôts,
Il mangea province à province :
Que son âme soit en repos !

  Seuls arbitres
   Du sceau des titres,
Chartriers, rendez-moi l'honneur :
Je suis bâtard d'un grand seigneur.

De ces faits dressez un sommaire,
Messieurs, et prouvez qu'à moi seul
Je vaux autant que père et mère,
Aïeul, bisaïeul, trisaïeul.
Grâce à votre art que j'utilise,
Qu'on me tire enfin des tripots;
Qu'on m'enterre au chœur d'une église :
Que mon âme soit en repos !

   Seuls arbitres
    Du sceau des titres,
Chartriers, rendez-moi l'honneur :
Je suis bâtard d'un grand seigneur.

LES ÉTOILES QUI FILENT.

(Janvier 1820.)

Air : Du ballet des Pierrots.

— Berger, tu dis que notre étoile
Règle nos jours et brille aux cieux :
— Oui, mon enfant ; mais dans son voile
La nuit la dérobe à nos yeux.
— Berger, sur cet azur tranquille,
De lire on te croit le secret :
Quelle est cette étoile qui file,
Qui file, file, et disparaît ?

Mon enfant, un mortel expire ;
Son étoile tombe à l'instant.
Entre amis que la joie inspire,
Celui-ci buvait en chantant.
Heureux, il s'endort immobile,
Auprès du vin qu'il célébrait...

— Encore une étoile qui file,
Qui file, file, et disparaît.

Mon enfant, qu'elle est pure et belle!
C'est celle d'un objet charmant.
Fille heureuse, amante fidèle,
On l'accorde au plus tendre amant.
Des fleurs ceignent son front nubile,
Et de l'hymen l'autel est prêt...
— Encore une étoile qui file,
Qui file, file, et disparaît.

Mon fils, c'est l'étoile rapide
D'un très-grand seigneur nouveau-né :
Le berceau qu'il a laissé vide,
D'or et de pourpre était orné.
Des poisons qu'un flatteur distille,
C'était à qui le nourrirait.....
— Encore une étoile qui file,
Qui file, file, et disparaît.

Mon enfant, quel éclair sinistre !
C'était l'astre d'un favori,
Qui se croyait un grand ministre
Quand de nos maux il avait ri.

Ceux qui servaient ce dieu fragile
Ont déjà caché son portrait.....
— Encore une étoile qui file,
Qui file, file, et disparaît.

Mon fils, quels pleurs seront les nôtres !
D'un riche nous perdons l'appui :
L'indigence glane chez d'autres,
Mais elle moissonnait chez lui.
Ce soir même, sûr d'un asile,
A son toit le pauvre accourait.....
— Encore une étoile qui file,
Qui file, file, et disparaît.

C'est celle d'un puissant monarque !...
Va, mon fils, garde ta candeur ;
Et que ton étoile ne marque
Par l'éclat ni par la grandeur.
Si tu brillais sans être utile,
A ton dernier jour on dirait :
Ce n'est qu'une étoile qui file,
Qui file, file, et disparaît.

L'ENRHUMÉ.

VAUDEVILLE SUR LES NOUVELLES LOIS D'EXCEPTION.

(MARS 1820.)

AIR : Du petit mot pour rire.

Quoi ! pas un seul petit couplet !
Chansonnier, dis-nous donc quel est
 Le mal qui te consume ?
— Amis, il pleut, il pleut des lois ;
L'air est malsain, j'en perds la voix.
 Amis, c'est là,
 Oui, c'est cela,
C'est cela qui m'enrhume.

Chansonnier, quand vient le printemps,
Les oiseaux plus gais, plus contens,
 De chanter ont coutume.
— Oui, mais j'aperçois des réseaux :

En cage on mettra les oiseaux.
 Amis, c'est là,
 Oui, c'est cela,
C'est cela qui m'enrhume.

La chambre regorge d'intrus;
Peins-nous l'un de ces bas ventrus,
 Aux dîners qu'il écume.
— Non, car ces gens, si gras du bec,
Votent l'eau claire et le pain sec (1).
 Amis, c'est là,
 Oui, c'est cela,
C'est cela qui m'enrhume.

Pour nos pairs fais des vers flatteurs;
Des Français ce sont les tuteurs;
 Qu'à leur nez l'encens fume.
— Non, car ils ont mis de moitié
Leurs pupilles à la Pitié.
 Amis, c'est là,
 Oui, c'est cela,
C'est cela qui m'enrhume.

---

(1) Messieurs du centre voulurent qu'on laissât aux ministres le soin de régler la nourriture des personnes arrêtées comme suspectes.

Peins donc S..... l'anodin ;
Peins-nous surtout P.....-Dandin,
   Si fort quand il résume.
— Non : Cicéron m'a convaincu.
P..... dirait : *Il a vécu* (1).
    Amis, c'est là,
    Oui, c'est cela,
  C'est cela qui m'enrhume.

Mais la charte encor nous défend ;
Du roi c'est l'immortel enfant ;
   Il l'aime, on le présume.
. . . .
. . . .
    Amis, c'est là,
    Oui, c'est cela,
  C'est cela qui m'enrhume.

Qu'ai-je dit ? et que de dangers !
Le ministre des étrangers,
   Dandin taille sa plume ;

---

(1) Allusion à une citation sans doute fort heureuse, mais peu rassurante, que s'est permise un ministre.

On va m'arrêter sans procès :
Le vaudeville est né français.
Amis, c'est là,
Oui, c'est cela,
C'est cela qui m'enrhume.

LE TEMPS.

AIR : Ce Magistrat irréprochable.

Près de la beauté que j'adore,
Je me croyais égal aux dieux ;
Lorsqu'au bruit de l'airain sonore,
Le Temps apparut à nos yeux (*bis*).
Faible comme une tourterelle,
Qui voit la serre des vautours,
Ah ! par pitié, lui dit ma belle,
Vieillard, épargnez nos amours !

Devant son front chargé de rides,
Soudain nos yeux se sont baissés :
Nous voyons à ses pieds rapides

La poudre des siècles passés.
A l'aspect d'une fleur nouvelle
Qu'il vient de flétrir pour toujours,
Ah ! par pitié, lui dit ma belle,
Vieillard, épargnez nos amours !

Je n'épargne rien sur la terre ;
Je n'épargne rien même aux cieux,
Répond-il d'une voix austère :
Vous ne m'avez connu que vieux.
Ce que le passé vous révèle,
Remonte à peine à quelques jours :
Ah ! par pitié, lui dit ma belle,
Vieillard, épargnez nos amours !

Sur cent premiers peuples célèbres,
J'ai plongé cent peuples fameux
Dans un abîme de ténèbres,
Où vous disparaîtrez comme eux.
J'ai couvert d'une ombre éternelle
Des astres éteints dans leur cours :
Ah ! par pitié, lui dit ma belle,
Vieillard, épargnez nos amours !

Mais, malgré moi, de votre monde
La volupté charme les maux ;

Et de la nature féconde,
L'arbre immense étend ses rameaux.
Toujours sa tige renouvelle
Des fruits que j'arrache toujours :
Ah ! par pitié, lui dit ma belle,
Vieillard, épargnez nos amours !

Il nous fuit ; et près de le suivre,
Les plaisirs, hélas ! peu constans,
Nous voyant plus pressés de vivre,
Nous bercent dans l'oubli du Temps.
Mais l'heure en sonnant nous rappelle
Combien tous nos rêves sont courts ;
Et je m'écrie avec ma belle :
Vieillard, épargnez nos amours !

LA FARIDONDAINE,

ou

LA CONSPIRATION DES CHANSONS.

INSTRUCTION AJOUTÉE A LA CIRCULAIRE DE M. LE PRÉFET DE POLICE, CONCERNANT LES RÉUNIONS CHANTANTES, APPELÉES GOGUETTES.

(AVRIL 1820.)

AIR : A la façon de Barbari.

ÉCOUTE, mouchard, mon ami,
  Je suis ton capitaine.
Sois gai pour tromper l'ennemi,
  Et chante à perdre haleine.
Tu sais que monseigneur Anglès,
  La faridondaine,
  A peur des couplets.
Apprends qu'on en fait contre lui;

Biribi,
Sur la façon de barbari,
Mon ami.

Des goguettes, à peu de frais,
On échauffe la veine.
Aux Apollons des cabarets
Paie un broc de Surène.
Un aveugle y chante en faussant
La faridondaine,
D'un ton menaçant.
On néglige l'air de Henri,
Biribi,
Pour la façon de barbari,
Mon ami.

Sur *Mirliton* fais un rapport :
La cour le trouve obscène.
Dénonce aussi *Malbrouk est mort* :
A sa *Grâce* il fait peine.
Surtout transforme avec éclat
La faridondaine
En crime d'état.
Donnons des juges sans juri,
Biribi,

A la façon de barbari,
 Mon ami.

Biribi veut dire en latin,
 L'homme de Sainte-Hélène.
Barbari, c'est, j'en suis certain,
 Un peuple qu'on enchaîne.
Mon ami, ce n'est pas le roi ;
 Et faridondaine
 Attaque la foi.
Que dirait de mieux M........
 Biribi,
Sur la façon de barbari,
 Mon ami ?

Du préfet ce sont les leçons :
 Tu les suivras sans peine.
Si l'on ne prend garde aux chansons,
 L'anarchie est certaine.
Que le trône soit préservé
 De faridondaine,
 Par le *God save*.
Substituons l'*ô filii*,
 Biribi,
A la façon de barbari,
 Mon ami.

MA LAMPE.

CHANSON ADRESSÉE A MADAME DUFRESNOY.

Air :

Veille encore, ô lampe fidèle,
Que trop peu d'huile vient nourrir !
Sur les accens d'une immortelle
Laisse mes regards s'attendrir.
De l'amour que sa lyre implore,
Tu le sais, j'ai subi la loi.
Veille, ma lampe, veille encore :
Je lis les vers de Dufresnoy.

Son livre est plein d'un doux mystère,
Plein d'un bonheur de peu d'instans.
Il rend à mon lit solitaire
Tous les songes de mon printemps.
Les dieux qu'au bel âge on adore
Voudraient-ils revoler vers moi ?

Veille, ma lampe, veille encore :
Je lis les vers de Dufresnoy.

Si, comme Sapho qu'elle égale,
Elle eût, en proie à deux penchans,
Des amours ardente rivale,
Aux grâces consacré ses chants ;
Parny, près d'une Éléonore,
Ne l'aurait pu voir sans effroi.
Veille, ma lampe, veille encore :
Je lis les vers de Dufresnoy.

Combien a pleuré sur nos armes
Son noble cœur de gloire épris !
De n'être pour rien dans ses larmes
L'Amour alors parut surpris.
Jamais, au pays qu'elle honore,
Sa lyre n'a manqué de foi.
Veille, ma lampe, veille encore :
Je lis les vers de Dufresnoy.

Aux chants du Nord on fait hommage
Des lauriers du Pinde avilis ;
Mais de leur gloire sois l'image,
Toi, ma lampe, toi qui pâlis.

A ton déclin, je vois l'aurore
Triompher de l'ombre et de toi;
Tu meurs, et je relis encore
Les vers charmans de Dufresnoy.

LE VIEUX DRAPEAU.

(1820.)

(Cette chanson n'exprime que le vœu d'un soldat qui désire voir la Charte constitutionnellement placée sous la sauve garde du drapeau de Fleurus, de Marengo et d'Austerlitz. Le même vœu a été exprimé à la tribune par plusieurs députés et entre autres par M. le général Foy, dans une improvisation aussi noble qu'énergique.)

Air : Elle aime à rire, elle aime à boire.

De mes vieux compagnons de gloire
Je viens de me voir entouré.
Nos souvenirs m'ont enivré;
Le vin m'a rendu la mémoire.

Fier de mes exploits et des leurs,
J'ai mon drapeau dans ma chaumière :
Quand secoûrai-je la poussière
Qui ternit ses nobles couleurs ?

Il est caché sous l'humble paille
Où je dors pauvre et mutilé ;
Lui qui, sûr de vaincre, a volé
Vingt ans de bataille en bataille !
Chargé de lauriers et de fleurs,
Il brilla sur l'Europe entière :
Quand secoûrai-je la poussière
Qui ternit ses nobles couleurs ?

Ce drapeau payait à la France
Tout le sang qu'il nous a coûté.
Sur le sein de la liberté,
Nos fils jouaient avec sa lance.
Qu'il prouve encore aux oppresseurs
Combien la gloire est roturière :
Quand secoûrai-je la poussière
Qui ternit ses nobles couleurs ?

Son aigle est resté dans la poudre,
Fatigué de lointains exploits.

Rendons-lui le coq des Gaulois;
Il sut aussi lancer la foudre.
La France, oubliant ses douleurs
Le rebénira libre et fière :
Quand secoûrai-je la poussière
Qui ternit ses nobles couleurs ?

Las d'errer avec la victoire,
Des lois il deviendra l'appui.
Chaque soldat fut, grâce à lui,
Citoyen aux bords de la Loire.
Seul il peut voiler nos malheurs;
Déployons-le sur la frontière :
Quand secoûrai-je la poussière
Qui ternit ses nobles couleurs?

Mais il est là, près de mes armes;
Un instant, osons l'entrevoir.
Viens, mon drapeau! viens, mon espoir!
C'est à toi d'essuyer mes larmes.
D'un guerrier qui verse des pleurs,
Le ciel entendra la prière :
Oui, je secoûrai la poussière
Qui ternit tes nobles couleurs.

LA MARQUISE DE PRETINTAILLE.

Air : J'veux être un chien
A coups d'pied, à coups d'poing.

Marquise à trente quartiers pleins,
J'ai pris mes droits sur les vilains :
En amour j'aime la canaille ;
D'un ton fier je leur dis : Venez.
Mais sous mes rideaux blasonnés,
　　Vils roturiers,
　Respectez les quartiers
De la marquise de Pretintaille.

Sacrifirais-je à mes attraits
Des gentilshommes damerets,
Qui n'ont ni carrure ni taille ?
Non, mais j'accable cent gredins
De mes feux et de mes dédains.
　　Vils roturiers,

Respectez les quartiers
De la marquise de Pretintaille.

Je veux citer les plus marquans,
Bien qu'après coup tous ces croquans
Osent me traiter d'antiquaille :
Je ne suis, aux yeux des malins,
Qu'une savonnette à vilains.
  Vils roturiers,
 Respectez les quartiers
De la marquise de Pretintaille.

Mon laquais était tout porté,
Mais il parle de liberté :
De mes parchemins il se raille.
Paix ! lui dis-je, et traite un peu mieux
Ce que je tiens de mes aïeux.
  Vils roturiers,
 Respectez les quartiers
De la marquise de Pretintaille.

Arrive après mon confesseur :
Du parti sacré défenseur,
Il serre de près son ouaille.
Avec moi, son front virginal

Vise au chapeau de cardinal.
Vils roturiers,
Respectez les quartiers
De la marquise de Pretintaille.

Je veux corrompre un député :
Pour l'amour et la liberté,
Il était plus chaud qu'une caille.
L'aveu que ma bouche octroya
Mit les droits de l'homme à quia.
Vils roturiers,
Respectez les quartiers
De la marquise de Pretintaille.

Mon fermier, butor bien nerveux,
Dont la charte a comblé les vœux,
Dénigrait la glèbe et la taille ;
Mais je lui fis voir, à loisir,
Tout ce qu'on gagne au *bon plaisir*.
Vils roturiers,
Respectez les quartiers
De la marquise de Pretintaille.

J'oubliais certain grand coquin,
Pauvre officier républicain,

Brave au lit comme à la mitraille :
J'ai vengé sur ce possédé
Charette, Cobourg et Condé.
  Vils roturiers,
 Respectez les quartiers
De la marquise de Pretintaille.

Mes priviléges s'éteindraient,
Si nos étrangers ne rentraient ;
A ma note aussi je travaille :
En attendant forçons le roi
De solder les Suisses pour moi.
  Vils roturiers,
 Respectez les quartiers
De la marquise de Pretintaille.

LE TREMBLEUR,

ou

MES ADIEUX A M. DUPONT (DE L'EURE), EX-PRÉSIDENT A LA COUR ROYALE DE ROUEN.

CHANSON FAITE ET CHANTÉE A ROUEN, QUELQUES JOURS AVANT LES ÉLECTIONS DE 1820.

Air : Je vais bientôt quitter l'empire.

Dupont, que vient-on de m'apprendre?
Quoi ! l'on tourmente vos amis !
J'ai des précautions à prendre ;
Vous le savez, je suis commis (*bis*).
Dès qu'une amitié m'embarrasse,
Soudain, les nœuds en sont rompus (*bis*).
Bien mieux que vous je sais garder ma place.
Mon cher Dupont, je ne vous connais plus.
Dupont, Dupont, je ne vous connais plus.

Du peuple obtenez le suffrage ;
Moi, du pouvoir je crains les coups.
En vain la France rend hommage
A la vertu qui brille en vous ;
A peine j'ose vous promettre
De vous rendre encor vos saluts :
Votre vertu pourrait me compromettre.
Mon cher Dupont, je ne vous connais plus.
Dupont, Dupont, je ne vous connais plus.

Chez nous le courage importune,
Et votre sage et noble voix
A fait trembler à la tribune
Ceux qui méconnaissent nos droits.
De vos discours on tient registre ;
Peut-être aussi les ai-je lus.
Mais les talens ne font pas un ministre.
Mon cher Dupont, je ne vous connais plus.
Dupont, Dupont, je ne vous connais plus.

Héritier de la gloire antique,
Admiré de tous les Français,
Le front ceint du rameau civique,
Sous le chaume vivez en paix.
A votre renom j'ai beau croire,

Je pense comme nos ventrus :
On ne vit pas de pain sec et de gloire.
Mon cher Dupont, je ne vous connais plus.
Dupont, Dupont, je ne vous connais plus.

 Oui, je vous fuis sans autre forme,
 Vous que long-temps mon cœur aima.
 Je ne veux pas qu'on me réforme,
 Comme P....ier vous réforma.
 Adieu donc, honneur de la France !
 Du préfet je crains les argus.
Avec L........ je ferai connaissance.
Mon cher Dupont, je ne vous connais plus.
Dupont, Dupont, je ne vous connais plus.

MA CONTEMPORAINE.

COUPLET ÉCRIT SUR L'ALBUM DE MADAME M***.

Air : Ma belle est la belle des belles.

Vous vous vantez d'avoir mon âge :
Sachez que l'Amour n'en croit rien.
Jadis les Parques ont, je gage,
Mêlé votre fil et le mien.
Au hasard alors ces matrones
Faisant deux lots de notre temps,
J'eus les hivers et les automnes,
Vous les étés et les printemps.

LA MORT DU ROI CHRISTOPHE.

OU

NOTE PRÉSENTÉE PAR LA NOBLESSE D'HAÏTI AUX TROIS GRANDS ALLIÉS.

(DÉCEMBRE 1820.)

Air : La Catacoua.

Christophe est mort, et du royaume
La noblesse a recours à vous :
François, Alexandre, Guillaume,
Prenez aussi pitié de nous.
Ce n'est point pays limitrophe,
Mais le mal fait tant de progrès !
  Vite un congrès !
  Deux, trois congrès !
  Quatre congrès !
 Cinq congrès ! dix congrès !
Princes, vengez ce bon Christophe,
Roi digne de tous vos regrets.

Il tombe après avoir fait rage
Contre les peuples maladroits,
Qui, du trône écartant l'orage,
Pour l'affermir bornent ses droits.
A réfuter maint philosophe
Ses canons étaient toujours prêts.
   Vite un congrès !
   Deux, trois congrès !
   Quatre congrès !
  Cinq congrès ! dix congrès !
Princes vengez ce bon Christophe,
Roi digne de tous vos regrets.

Avec respect traitez l'Espagne :
Votre maître y perdit ses pas.
Naple est un pays de Cocagne ;
Mais des volcans n'approchez pas.
Vous taillerez en pleine étoffe,
Venez chez nous par un vent frais.
   Vite un congrès !
   Deux, trois congrès !
   Quatre congrès !
  Cinq congrès ! dix congrès !
Princes, vengez ce bon Christophe,
Roi digne de tous vos regrets.

Dons Quichottes de l'arbitraire,
Allons, morbleu, de la valeur!
Ce monarque était votre frère :
Les rois sont de même couleur.
Exploiter une catastrophe
S'accorde avec vos plans secrets.
  Vite, un congrès!
  Deux, trois congrès!
  Quatre congrès!
 Cinq congrès! dix congrès!
Princes, vengez ce bon Christophe,
Roi digne de tous vos regrets.

LA FORTUNE.

Air : De la Sabotière.
ou : Vaudeville du Vieux Chasseur.

Pan ! pan ! est-ce ma brune,
Pan ! pan ! qui frappe en bas ?
Pan ! pan ! c'est la Fortune :
Pan ! pan ! je n'ouvre pas.

Tous mes amis, le verre en main,
De joie enivrent ma chambrette.
Nous n'attendons plus que Lisette ;
Fortune, passe ton chemin.

Pan ! pan ! est-ce ma brune,
Pan ! pan ! qui frappe en bas ?
Pan ! pan ! c'est la Fortune :
Pan ! pan ! je n'ouvre pas.

Si l'on en croit ce qu'elle dit,
Son or chez nous ferait merveilles.
Mais nous avons là vingt bouteilles,
Et le traiteur nous fait crédit.

> Pan ! pan ! est-ce ma brune,
> Pan ! pan ! qui frappe en bas ?
> Pan ! pan ! c'est la Fortune :
> Pan ! pan ! je n'ouvre pas.

Elle offre perles et rubis,
Manteaux d'une richesse extrême.
Eh ! que nous fait la pourpre même ?
Nous venons d'ôter nos habits.

> Pan ! pan ! est-ce ma brune,
> Pan ! pan ! qui frappe en bas ?
> Pan ! pan ! c'est la Fortune :
> Pan ! pan ! je n'ouvre pas.

Elle nous traite en écoliers,
Parle de gloire et de génie.
Hélas ! grâce à la calomnie,
Nous ne croyons plus aux lauriers.

Pan ! pan ! est-ce ma brune,
Pan ! pan ! qui frappe en bas ?
Pan ! pan ! c'est la Fortune :
Pan ! pan ! je n'ouvre pas.

Loin des plaisirs, point ne voulons
Aux cieux être lancés par elle :
Sans même essayer la nacelle,
Nous voyons s'enfler ses ballons.

Pan ! pan ! est-ce ma brune,
Pan ! pan ! qui frappe en bas ?
Pan ! pan ! c'est la Fortune :
Pan ! pan ! je n'ouvre pas.

Mais tous nos voisins attroupés
Implorent ses faveurs traîtresses :
Ah ! chers amis, par nos maîtresses
Nous serons plus gaîment trompés.

Pan ! pan ! est-ce ma brune,
Pan ! pan ! qui frappe en bas ?
Pan ! pan ! c'est la Fortune :
Pan ! pan ! je n'ouvre pas.

LOUIS XI (1).

Air : Sans un petit brin d'amour.

Heureux villageois, dansons :
Sautez, fillettes
Et garçons !
Unissez vos joyeux sons,
Musettes
Et chansons !

Notre vieux roi, caché dans ces tourelles,
Louis, dont nous parlons tout bas,

---

(1) On sait que ce roi, retiré au Plessis-lez-Tours. avec Tristan, confident et exécuteur de ses cruautés, voulait voir quelquefois les paysans danser devant l fenêtres de son château.

Veut essayer, au temps des fleurs nouvelles,
S'il peut sourire à nos ébats.

Heureux villageois, dansons :
Sautez, fillettes
Et garçons !
Unissez vos joyeux sons,
Musettes
Et chansons !

Quand sur nos bords on rit, on chante, on aime,
Louis se retient prisonnier.
Il craint les grands, et le peuple et Dieu même ;
Surtout il craint son héritier.

Heureux villageois, dansons :
Sautez, fillettes
Et garçons !
Unissez vos joyeux sons,
Musettes
Et chansons !

Voyez d'ici briller cent hallebardes,
Aux feux d'un soleil pur et doux.

N'entend-on pas le *Qui vive* des gardes,
Qui se mêle aux bruit des verroux ?

Heureux villageois, dansons :
Sautez, fillettes
Et garçons !
Unissez vos joyeux sons,
Musettes
Et chansons !

Il vient ! il vient ! Ah ! du plus humble chaume
Ce roi peut envier la paix :
Le voyez-vous, comme un pâle fantôme,
A travers ces barreaux épais ?

Heureux villageois, dansons :
Sautez, fillettes
Et garçons !
Unissez vos joyeux sons,
Musettes
Et chansons !

Dans nos hameaux, quelle image brillante
Nous nous faisions d'un souverain !

Quoi ! pour le sceptre une main défaillante !
Pour la couronne un front chagrin !

 Heureux villageois, dansons :
  Sautez, fillettes
  Et garçons !
 Unissez vos joyeux sons,
  Musettes
  Et chansons !

Malgré nos chants, il se trouble, il frissonne ;
 L'horloge a causé son effroi :
Ainsi toujours il prend l'heure qui sonne,
 Pour un signal de son beffroi.

 Heureux villageois, dansons :
  Sautez, fillettes
  Et garçons !
 Unissez vos joyeux sons,
  Musettes
  Et chansons !

Mais notre joie, hélas ! le désespère ;
 Il fuit avec son favori.

      3...

Craignons sa haine; et disons qu'en bon père,
A ses enfans il a souri.

Heureux villageois, dansons :
Sautez, fillettes
Et garçons !
Unissez vos joyeux sons,
Musettes
Et chansons !

LES ADIEUX A LA GLOIRE.

(DÉCEMBRE 1820.)

AIR : Je commence à m'apercevoir
Qu'il en est d' la musique. (D'ALEXIS.)

CHANTONS le vin et la beauté :
　Tout le reste est folie.
　Voyez comme on oublie
Les hymnes de la liberté.
　　Un peuple brave
　　Retombe esclave :
Fils d'Épicure, ouvrez-moi votre cave.
　La France qui souffre en repos,
　Ne veut plus que mal à propos
J'ose en trompette ériger mes pipeaux.
　　Adieu donc, pauvre gloire !
　　Déshéritons l'histoire.
Venez, amours, et versez-nous à boire.

Quoi ! d'indignes enfans de Mars
Briguaient une livrée,
Quand ma muse éplorée
Recrutait pour leurs étendards !
Ah ! s'il m'arrive
Beauté naïve,
Sous ses baisers ma voix sera captive ;
Ou flattons si bien, que pour moi
On exhume aussi quelque emploi.
Oui, noir ou blanc, soyons le fou du roi.
Adieu donc, pauvre gloire,
Déshéritons l'histoire.
Venez, amours, et versez-nous à boire.

Des excès de nos ennemis
Chaque juge est complice,
Et la main de justice
De soufflets accable Thémis.
Plus de satire !
N'osant médire,
J'orne de fleurs et ma coupe et ma lyre.
J'ai trop bravé nos tribunaux ;
Dans leurs dédales infernaux,
J'entends Cerbère et ne vois point Minos.
Adieu donc, pauvre gloire !

Déshéritons l'histoire.
Venez, amours, et versez-nous à boire.

Des tyrans par nous soudoyés
La faiblesse est connue :
Gulliver éternue,
Et tous les nains sont foudroyés.
Mais, quelle image !
Non, plus d'orage ;
De nos plaisirs redoutons le naufrage :
Opprimés, gémissez plus bas.
Que nous fait, dans un gai repas,
Que l'univers souffre ou ne souffre pas ?
Adieu donc, pauvre gloire !
Déshéritons l'histoire.
Venez, amours, et versez-nous à boire.

Du sommeil de la liberté
Les rêves sont pénibles :
Devenons insensibles
Pour conserver notre gaîté.
Quand tout succombe,
Faible colombe,
Ma muse aussi sur des roses retombe.
Lasse d'imiter l'aigle altier,

3***

Elle reprend son doux métier :
Bacchus m'appelle, et je rentre au quartier.
Adieu donc, pauvre gloire !
Déshéritons l'histoire.
Venez, amours, et versez-nous à boire.

LES DEUX COUSINS,

ou

LETTRE

D'UN PETIT ROI A UN PETIT DUC

AIR : Daignez m'épargner le reste.

SALUT ! petit cousin germain ;
D'un lieu d'exil j'ose t'écrire.
La fortune te tend la main :
Ta naissance l'a fait sourire.
Mon premier jour aussi fut beau :
Point de Français qui n'en convienne.

Les rois m'adoraient au berceau,
Et cependant je suis à Vienne !

Je fus bercé par tes faiseurs
De vers, de chansons, de poëmes :
Ils sont, comme les confiseurs,
Partisans de tous les baptêmes.
Les eaux d'un fleuve bien mondain
Vont laver ton âme chrétienne ;
On m'offrit de l'eau du Jourdain,
Et cependant je suis à Vienne !

Ces juges, ces pairs avilis
Qui te prédisent des merveilles,
De mon temps juraient que les lis
Seraient le butin des abeilles.
Parmi les nobles détracteurs
De toute vertu plébéienne,
Ma nourrice avait des flatteurs,
Et cependant je suis à Vienne !

Sur des lauriers je me couchais ;
La pourpre seule t'environne.
Des sceptres étaient mes hochets ;
Mon bourlet fut une couronne.

Méchant bourlet! puisqu'un faux pas
Même au saint Père ôtait la sienne :
Mais j'avais pour moi nos prélats,
Et cependant je suis à Vienne !

Quant aux maréchaux, je crois peu
Que du monde ils t'ouvrent l'entrée.
Ils préfèrent au cordon bleu,
De l'honneur l'étoile sacrée.
Mon père à leur beau dévoûment
Livra sa fortune et la mienne :
Ils auront tenu leur serment,
Et cependant je suis à Vienne !

Près du trône si tu grandis,
Si je végète sans puissance,
Confonds ces courtisans maudits,
En leur rappelant ma naissance.
Dis-leur : « Je puis avoir mon tour,
» De mon cousin qu'il vous souvienne.
» Vous lui promettiez votre amour,
» Et cependant il est à Vienne ! »

LES VENDANGES.

Air : Pierrot sur le bord d'un ruisseau.
ou : Air nouveau de M. Lorin.

L'aurore annonce un jour serein ;
Vite à l'ouvrage !
Et reprenons courage.
Fillettes, flûte et tambourin,
Mettez les vendangeurs en train,
Du vin qu'a fait tourner l'orage,
Un vin nouveau bientôt consolera.
Amis, chez nous la gaîté renaîtra. } bis.
Ah ! ah ! la gaîté renaîtra.

Notre maire tourne à tout vent ;
D'écharpe il change,
Et de tout vin s'arrange.
Mais, puisqu'ainsi ce bon vivant
De couleur changea si souvent,

Qu'avec son écharpe il vendange,
Et de vin doux on la barbouillera.
Amis, chez nous la gaîté renaîtra.
Ah! ah! la gaîté renaîtra.

Le juge qui, de vingt façons,
    En robe noire,
  Explique son grimoire,
Condamne jusqu'à nos chansons ;
Mais, grâce au vin que nous pressons,
Que lui-même il chante après boire,
La liberté, la gloire, *et cetera.*
Amis, chez nous la gaîté renaîtra.
Ah! ah! la gaîté renaîtra.

Si le curé, peu tolérant,
    Gronde sans cesse,
  Et veut qu'on se confesse,
Son gros nez rouge nous apprend
L'intérêt qu'à nos vins il prend.
Pour en boire ailleurs qu'à la messe,
Sur chaque mort qu'il dise un *libera.*
Amis, chez nous la gaîté renaîtra.
Ah! ah! la gaîté renaîtra.

Que du châtelain en souci
　　L'orgueil insigne
　Au bonheur se résigne,
Il verra les titres qu'ici
Noé nous a transmis aussi.
Ils sont sur des feuilles de vigne ;
Aux parchemins il les préférera.
Amis, chez nous la gaîté renaîtra.
　Ah! ah! la gaîté renaîtra.

Beau pays, fertile et guerrier,
　　A la souffrance
　Oppose l'espérance.
Au pampre tu peux marier
Olive, épi, rose et laurier.
Vendangeons, et vive la France!
Le monde un jour avec nous trinquera.
Amis, chez nous la gaîté renaîtra.
　Ah! ah! la gaîté renaîtra.

L'ORAGE.

Air : C'est l'amour, l'amour.

Chers enfans, dansez, dansez!
Votre âge
Échappe à l'orage :
Par l'espoir gaîment bercés,
Dansez, chantez, dansez.

A l'ombre de vertes charmilles,
Fuyant l'école et les leçons,
Petits garçons, petites filles,
Vous voulez danser aux chansons.
En vain ce pauvre monde
Craint de nouveaux malheurs;
En vain la foudre gronde,
Couronnez-vous de fleurs.

Chers enfans, dansez, dansez!
Votre âge
Échappe à l'orage :

Par l'espoir gaîment bercés,
Dansez, chantez, dansez!

L'éclair sillonne le nuage,
Mais il n'a point frappé vos yeux.
L'oiseau se tait dans le feuillage;
Rien n'interrompt vos chants joyeux.
J'en crois votre allégresse;
Oui, bientôt d'un ciel pur
Vos yeux, brillans d'ivresse,
Réfléchiront l'azur.

Chers enfans, dansez, dansez!
Votre âge
Échappe à l'orage :
Par l'espoir gaîment bercés,
Dansez, chantez, dansez!

Vos pères ont eu bien des peines;
Comme eux ne soyez point trahis.
D'une main ils brisaient leurs chaînes,
De l'autre ils vengeaient leur pays.
De leur char de victoire
Tombés sans déshonneur,
Ils vous lèguent la gloire :
Ce fut tout leur bonheur.

Chers enfans, dansez, dansez!
Votre âge
Echappe à l'orage :
Par l'espoir gaîment bercés,
Dansez, chantez, dansez!

Au bruit de lugubres fanfares,
Hélas! vos yeux se sont ouverts.
C'était le clairon des barbares
Qui vous annonçait nos revers.
Dans le fracas des armes,
Sous nos toits en débris,
Vous mêliez à nos larmes
Votre premier souris.

Chers enfans, dansez, dansez!
Votre âge
Échappe à l'orage :
Par l'espoir gaîment bercés,
Dansez, chantez, dansez!

Vous triompherez des tempêtes
Où notre courage expira.
C'est en éclatant sur nos têtes
Que la foudre nous éclaira.
Si le dieu qui vous aime

Crut devoir nous punir,
Pour vous sa main ressème
Les champs de l'avenir.

Chers enfans, dansez, dansez !
  Votre âge
 Échappe à l'orage :
Par l'espoir gaîment bercés,
 Dansez, chantez, dansez !

Enfans, l'orage, qui redouble,
Du sort présage le courroux.
Le sort ne vous cause aucun trouble ;
Mais à mon âge on craint ses coups.
 S'il faut que je succombe
 En chantant nos malheurs,
 Déposez sur ma tombe
 Vos couronnes de fleurs.

Chers enfans, dansez, dansez !
  Votre âge
 Échappe à l'orage :
Par l'espoir gaîment bercés,
 Dansez, chantez, dansez !

LE CINQ MAI.

(1821.)

Air : Muse des bois et des accords champêtres.

Des Espagnols m'ont pris sur leur navire,
Aux bords lointains où tristement j'errais.
Humble débris d'un héroïque empire,
J'avais dans l'Inde exilé mes regrets.
Mais loin du Cap, après cinq ans d'absence,
Sous le soleil, je vogue plus joyeux.
Pauvre soldat, je reverrai la France :
La main d'un fils me fermera les yeux.

Dieux ! le pilote a crié : Sainte-Hélène !
Et voilà donc où languit le héros !
Bons Espagnols, là s'éteint votre haine :
Nous maudissons ses fers et ses bourreaux.
Je ne puis rien, rien pour sa délivrance ;

Le temps n'est plus des trépas glorieux !
Pauvre soldat, je reverrai la France :
La main d'un fils me fermera les yeux.

Peut-être il dort, ce boulet invincible
Qui fracassa vingt trônes à la fois.
Ne peut-il pas, se relevant terrible,
Aller mourir sur la tête des rois ?
Ah ! ce rocher repousse l'espérance :
L'aigle n'est plus dans le secret des dieux.
Pauvre soldat je reverrai la France :
La main d'un fils me fermera les yeux.

Il fatiguait la victoire à le suivre :
Elle était lasse ; il ne l'attendit pas.
Trahi deux fois, ce grand homme a su vivre;
Mais quels serpens enveloppent ses pas !
De tout laurier un poison est l'essence ;
La mort couronne un front victorieux.
Pauvre soldat, je reverrai la France :
La main d'un fils me fermera les yeux.

Dès qu'on signale une nef vagabonde,
« Serait-ce lui ! disent les potentats :
» Vient-il encor redemander le monde ?

» Armons soudain deux millions de soldats. »
Et lui, peut-être, accablé de souffrance,
A la patrie adresse ses adieux.
Pauvre soldat, je reverrai la France :
La main d'un fils me fermera les yeux.

Grand de génie et grand de caractère,
Pourquoi du sceptre arma-t-il son orgueil!
Bien au-dessus des trônes de la terre,
Il apparaît brillant sur cet écueil.
Sa gloire est là, comme le phare immense
D'un nouveau monde, et d'un monde trop vieux.
Pauvre soldat, je reverrai la France :
La main d'un fils me fermera les yeux.

Bons Espagnols, que voit-on au rivage?
Un drapeau noir! ah! grand dieux! je frémis!
Quoi! lui, mourir! ô gloire, quel veuvage!
Autour de moi pleurent ses ennemis.
Loin de ce roc nous fuyons en silence ;
L'astre du jour abandonne les cieux.
Pauvre soldat, je reverrai la France :
La main d'un fils me fermera les yeux.

CHANSONS
NOUVELLES.

PRÉFACE.

Air du vaudeville de Préville et Taconnet.
ou des Chevilles de maître Adam.

Allez, enfans, nés sous un autre règne ;
Sous celui-ci, quittez le coin du feu.
Adieu ! partez, bien que pour vous je craigne
Certaines gens qui pardonnent trop peu.
On m'a crié : L'occasion est bonne,
Tous les partis rapprochent leurs drapeaux.
Allez, enfans ; mais n'éveillez personne :
Mon médecin m'ordonne le repos.

Pour vos aînés que de pas et d'alarmes !
J'ai vu Thémis m'ôter mon plus doux bien ;
Car en prison le sommeil est sans charmes :
Près du malheur on ne dort jamais bien.
J'entends encor le verrou qui résonne,
Et dans ma main fait trembler mes pipeaux.

Allez, enfans ; mais n'éveillez personne :
Mon médecin m'ordonne le repos.

Si l'on disait : La gaîté vous délaisse,
Vous répondrez (et pour moi j'en rougis) :
« De notre père accusant la faiblesse,
» Les plus joyeux sont restés au logis. »
Ces égrillards iraient, d'humeur bouffonne,
Pincer au lit le diable et ses suppôts.
Allez, enfans ; mais n'éveillez personne :
Mon médecin m'ordonne le repos.

Vous passerez près d'une ruche pleine,
D'abeilles, non; mais de guêpes, je crois.
Ne soufflez mot ; retenez votre haleine ;
Tremblez, enfans, vous qui jurez parfois !
Le dard caché, qu'à ces guêpes Dieu donne,
A fait périr des bergers, des troupeaux.
Allez, enfans ; mais n'éveillez personne :
Mon médecin m'ordonne le repos.

Petits Poucets de la littérature,
S'il vient un ogre, évitez bien sa dent ;

Ou, s'il s'endort, dérobez sa chaussure ·
De s'en servir on peut juger prudent.
Non : Qu'ai-je dit ? Ah ! la peur déraisonne,
Tous les partis rapprochent leurs drapeaux ;
Allez, enfans ; mais n'éveillez personne :
Mon médecin m'ordonne le repos.

CHANSONS

NOUVELLES.

LA MUSE EN FUITE,

OU MA PREMIÈRE VISITE AU PALAIS DE JUSTICE.

(Chanson faite à l'occasion des premières poursuites judiciaires exercées contre moi pour la publication de mon Recueil.)

AIR : *Halte là.*

Quittez la lyre, ô ma muse!
Et déchiffrez ce mandat.
Vous voyez qu'on vous accuse
De plusieurs crimes d'état.
Pour un interrogatoire
Au Palais comparaissons.

Plus de chansons pour la gloire !
Pour l'amour plus de chansons !
    Suivez-moi !
    C'est la loi.
Suivez-moi, de par le Roi.

Nous marchons, et je découvre
L'asile des souverains.
Muse, la Fronde en ce Louvre
Vit pénétrer ses refrains *.
Au qui vive d'ordonnance,
Alors, prompte à s'avancer,
La chanson répondait : France !
Les gardes laissaient passer.
    Suivez-moi !
    C'est la loi.
Suivez-moi, de par le Roi !

La justice nous appelle
De l'autre côté de l'eau.

---

(1) Jamais plus de chansons ne furent lancées de part et d'autre qu'à l'époque de la Fronde, et Blot et Marigni, chansonniers du temps, ne furent l'objet d'aucune poursuite.

Voici la Sainte-Chapelle
Où l'on pria pour Boileau *.
S'il renaissait, ce grand maître,
Le clergé, remis en train,
En prison ferait peut-être
Fourrer l'auteur du Lutrin.
  Suivez-moi !
  C'est la loi.
Suivez-moi, de par le Roi !

Là, devant ce péristyle,
Un tribunal impuissant
Au bûcher livra l'Émile *,
Phénix toujours renaissant.
Muse, de vos chansonnettes,
Aujourd'hui l'on va tâcher

---

(1) On sait que Boileau fut enterré dans l'église située sous la Sainte-Chapelle, où l'on voyait le fameux lutrin qui inspira l'un des ouvrages les plus parfaits de notre langue.

(2) On sait également que par arrêt du parlement l'Émile fut brûlé par la main du bourreau, et son auteur décrété de prise de corps.

De faire des allumettes
Pour ranimer ce bûcher.
  Suivez-moi !
  C'est la loi.
Suivez-moi, de par le Roi !

Muse, voici la grand'salle....
Eh quoi ! vous fuyez devant
Des gens en robe un peu sale,
Par vous piqués trop souvent.
Revenez donc, pauvre sotte,
Voir prendre à vos ennemis,
Pour peser une marotte,
Les balances de Thémis.
  Suivez-moi !
  C'est la loi.
Suivez-moi, de par le Roi !

Elle fuit, et chez le juge
J'entre, et puis enfin je sors.
Mais devinez quel refuge
Ma muse avait pris alors.
Gaîment avec la grisette
D'un président, bon humain,
Cette folle, à la buvette,

Répétait le verre en main :
Suivez-moi !
C'est la loi.
Suivez-moi, de par le Roi !

DÉNONCIATION

EN FORME D'IMPROMPTU.

A PROPOS DE COUPLETS QUI M'ONT ÉTÉ ENVOYÉS
PENDANT MON PROCÈS.

Air : Du ballet des Pierrots.

On m'a dénoncé, je dénonce ;
Oui, je dénonce des couplets.
La gaîté de l'auteur annonce
Qu'il peut figurer au palais ;
On voit, à l'air dont il vous traite,
Que cent fois il vous persifla.
Messieurs les juges, qu'on arrête,
Qu'on arrête cet homme-là.

Il prétend rire des entraves
Qu'à la presse l'on veut donner.
Il croit à la gloire des braves ;
Pourriez-vous le lui pardonner ?
Il ose vanter la musette
Qui dans leurs maux les consola.
Messieurs les juges, qu'on arrête,
Qu'on arrête cet homme-là.

Il prodigue la flatterie
A ceux qui sont persécutés ;
Il pourrait chanter la patrie,
C'est un grand tort, vous le sentez.
De l'esprit qu'à ma muse il prête,
Vengez-vous sur l'esprit qu'il a.
Messieurs les juges, qu'on arrête,
Qu'on arrête cet homme-là.

ADIEUX A LA CAMPAGNE.

(Cette chanson, faite dans le mois de novembre 1821, fut copiée et distribuée au tribunal le jour de ma condamnation.)

Air · Muses des jeux et des accords champêtres.

Soleil si doux, au déclin de l'automne,
Arbres jaunis, je viens vous voir encor.
N'espérons plus que la haine pardonne
A mes chansons leur trop rapide essor.
Dans cet asile, où reviendra Zéphyre,
J'ai tout rêvé, même un nom glorieux.
Ciel vaste et pur, daigne encor me sourire ;
Échos des bois, répétez mes adieux.

Comme l'oiseau, libre sous la feuillée,
Que n'ai-je ici laissé mourir mes chants !
Mais de grandeurs la France dépouillée
Courbait son front sous le joug des méchans.

Je leur lançai les traits de la satire ;
Pour mon bonheur l'amour m'inspirait mieux.
Ciel vaste et pur, daigne encor me sourire ;
Échos des bois, répétez mes adieux.

Déjà leur rage atteint mon indigence (1);
Au tribunal ils traînent ma gaîté ;
D'un masque saint ils couvrent leur vengeance :
Rougiraient-ils devant ma probité ?
Ah ! Dieu n'a point leur cœur pour me maudire :
L'intolérance est fille des faux dieux.
Ciel vaste et pur, daigne encor me sourire ;
Échos des bois, répétez mes adieux.

Sur des tombeaux si j'évoque la gloire,
Si j'ai prié pour d'illustres soldats,
Ai-je, à prix d'or, aux pieds de la victoire,
Encouragé le meurtre des états ?
Ce n'était point le soleil de l'empire
Qu'à son lever je chantais dans ces lieux.

---

(1) Lorsque mon Recueil parut, on m'a assuré que ce fut le ministère qui força les membres du conseil de l'Université de m'ôter le modique emploi d'expéditionnaire que j'occupais depuis douze ans.

Ciel vaste et pur, daigne encor me sourire;
Échos des bois, répétez mes adieux.

Que, dans l'espoir d'humilier ma vie,
..... s'amuse à mesurer mes fers ;
Même aux regards de la France asservie,
Un noir cachot peut illustrer mes vers.
ses barreaux je suspendrai ma lyre,
La renommée y jettera les yeux.
Ciel vaste et pur, daigne encor me sourire;
Échos des bois, répétez mes adieux.

Sur ma prison vienne au moins Philomèle !
Jadis un roi causa tous ses malheurs.
Partons : j'entends le geôlier qui m'appelle.
Adieu les champs, les eaux, les prés, les fleurs.
Mes fers sont prêts; la liberté m'inspire;
Je vais chanter son hymne glorieux.
Ciel vaste et pur, daigne encor me sourire;
Échos des bois, répétez mes adieux.

LA LIBERTÉ.

(Première chanson faite à Sainte-Pélagie, en janvier 1822.)

AIR : Chantons Lætamini.

D'un petit bout de chaîne
Depuis que j'ai tâté,
Mon cœur en belle haine
A pris la liberté.
Fi de la liberté !
A bas la liberté !

........, ce vrai sage,
M'a fait par charité
Sentir de l'esclavage
La légitimité.
Fi de la liberté !
A bas la liberté !

Plus de vaines louanges
Pour cette déité,
Qui laisse en de vieux langes
Le monde emmailloté !
Fi de la liberté !
A bas la liberté !

De son arbre civique
Que nous est-il resté ?
Un bâton despotique,
Sceptre sans majesté.
Fi de la liberté !
A bas la liberté !

Interrogeons le Tibre,
Lui seul a bien goûté
Sueur de peuple libre,
Crasse d'oisiveté.
Fi de la liberté !
A bas la liberté !

Du bon sens qui nous gagne
Quand l'homme est infecté,
Il n'est plus dans son bagne
Qu'un forçat révolté.

Fi de la liberté !
A bas la liberté !

Bons porte-clefs que j'aime,
Geôliers pleins de gaîté,
Par vous, au Louvre même,
Que ce vœu soit porté.
Fi de la liberté !
A bas la liberté !

LA CHASSE.

CHANSON DE REMERCÎMENT A DES CHASSEURS DU DÉPARTEMENT D'ILLE-ET-VILAINE, QUI M'ENVOYÈRENT UNE BOURRICHE GARNIE D'EXCELLENT GIBIER.

(SAINTE-PÉLAGIE.)

AIR : Tonton, tontaine.

GRACE à votre bourriche pleine
De gibier digne d'un glouton,
Tonton, tonton, tontaine, tonton,
Joyeux chasseurs d'Ille-et-Vilaine,
De votre cor je prends le ton,
   Tonton, tontaine tonton.

Chassez, morbleu, chassez encore :
Quittez Rosette et Jeanneton,

Tonton, tonton, tontaine tonton;
Ou pour rabattre, dès l'aurore,
Que les amours soient de planton,
   Tonton, tontaine tonton.

Si le Béarnais a fait mettre
Maint chasseur au fond d'un ponton (1),
Tonton, tonton, tontaine tonton;
Gabrielle daignait permettre
Qu'on braconnât dans son canton,
   Tonton, tontaine tonton.

Jadis nul n'osait en province
Porter aux champs son mousqueton,
Tonton, tonton, tontaine tonton.
On gardait la perdrix du prince;
Le loup dévorait le mouton,
   Tonton, tontaine tonton.

---

(1) Henri IV renouvela des ordonnances très-sévères contre les délits de chasse.

Vous, qui consolez ma disgrâce,
Pour nos droits vous tremblez, dit-on,
Tonton, tonton, tontaine tonton,
Sauvez au moins le droit de chasse,
Pour l'honneur du pays breton,
 Tonton, tontaine, tonton.

MA GUÉRISON.

Réponse a des semurois qui, pour faire passer la folie que j'ai eue d'essayer de guérir des gens incurables, m'ont envoyé du vin de Chambertin et de Romanée, en m'ordonnant des douches intérieures, pendant mon séjour en prison.

(SAINTE-PÉLAGIE.

Air : De la Treille de sincérité.)

J'espère
Que le vin opère ;
Oui, tout est bien, même en prison :
Le vin m'a rendu la raison.

Après un coup de Romanée,
La douche ayant calmé mes sens,

J'ai maudit ma muse obstinée
A railler les hommes puissans. (*bis.*)
Un accès pouvait me reprendre ;
Mais, du topique effet certain !
J'avais de l'encens à leur vendre,
Après un coup de Chambertin.
  J'espère
  Que le vin opère ;
Oui, tout est bien, même en prison ;
Le vin m'a rendu la raison.

Après deux coups de Romanée,
Rougissant de tous mes forfaits,
Je vois ma chambre environnée
D'heureux que le pouvoir a faits.
De mes juges l'arrêt suprême
Touche mon esprit libertin,
J'admire....... lui-même,
Après deux coups de Chambertin.
  J'espère
  Que le vin opère ;
Oui, tout est bien, même en prison :
Le vin m'a rendu la raison.

Après trois coups de Romanée,
Je n'aperçois plus d'oppresseurs ;

La presse n'est plus enchaînée,
Le budget seul a des censeurs ;
La tolérance, par la ville,
Court en habit de sacristain ;
Je vois pratiquer l'Évangile
Après trois coups de Chambertin.
  J'espère
  Que le vin opère ;
Oui, tout est bien, même en prison :
Le vin m'a rendu la raison.

Au dernier coup de Romanée,
Mon œil, mouillé de joyeux pleurs,
Voit la liberté couronnée
D'olivier, d'épis et de fleurs.
Les douces lois sont les plus fortes ;
L'avenir n'est plus incertain :
J'entends tomber verrous et portes
Au dernier coup de Chambertin.
  J'espère
  Que le vin opère ;
Oui, tout est bien, même en prison :
Le vin m'a rendu la raison.

O Chambertin ! ô Romanée !
Avec l'aurore d'un beau jour,

L'illusion chez vous est née
De l'espérance et de l'amour.
Cette fée, aux humains donnée,
Pour baguette tient du destin
Tantôt un cep de Romanée,
Tantôt un cep de Chambertin.
  J'espère
  Que le vin opère ;
Oui, tout est bien, même en prison :
Le vin m'a rendu la raison.

L'AGENT PROVOCATEUR.

(SAINTE-PÉLAGIE.)

REMERCÎMENT A D'AUTRES BOURGUIGNONS QUI M'AVAIENT ENVOYÉ DU VIN DES DIFFÉRENS CRUS LES PLUS RENOMMÉS.

AIR : Je vais bientôt quitter l'empire.

Avec son habit un peu mince,
Avec son chapeau goudronné,
Comme l'honneur de la province,
Ce Bourguignon nous est donné (bis).
Quoiqu'il soit d'âge respectable,
Que d'un beau nom il soit porteur, (bis).
Chut! mes amis; il fait jaser à table :
C'est un agent provocateur (ter).

Il est ami de l'infortune,
M'ont dit ceux qui l'ont annoncé ;
Pourtant un soupçon m'importune :
Par la police il a passé..... *
Plus d'un personnage notable,
Là souvent devient délateur.
Chut ! mes amis ; il fait jaser à table :
C'est un agent provocateur.

Mais il circule, et de la France
Déjà nous vantons les héros ;
A nos yeux déjà l'espérance
Sourit à travers les barreaux.
Enfin son charme inévitable
Sollicite un malin chanteur.
Chut ! mes amis ; il fait jaser à table :
C'est un agent provocateur.

Il nous ferait chanter la gloire
D'un sol fertile en joyeux ceps,

---

(1) On visite tous les objets envoyés aux prisonniers ; des gens de police sont chargés de ce soin.

Et l'empereur dont la mémoire
Reste en honneur chez les Français.... (1)
- Oui, sur Probus, prince équitable,
Il nous souffle un chorus flatteur.
Chut! mes amis; il fait jaser à table :
C'est un agent provocateur.

De ce traître faisons justice :
Exprès prolongeons le dîner.
S'il a passé par la police,
Qu'il passe pour y retourner.
Passe donc, ô vin délectable !
Retourne à ce lieu corrupteur.
Chut! mes amis; il fait jaser à table :
C'est un agent provocateur.

---

(1) La Bourgogne est redevable à Probus, empere
romain, de la plupart des vignes qui depuis ont fait
richesse.

MON CARNAVAL.

(SAINTE-PÉLAGIE.)

Air : Des Chevilles de maître Adam.
ou Air nouveau de M. Meissonnier.

Amis, voici la riante semaine,
Que tous les ans, je fêtais avec vous.
Marotte en main, dans le char qu'il promène,
Momus au bal conduit sages et fous.
Sur ma prison, dans l'ombre ensevelie,
Il m'a semblé voir passer les amours.
J'entends au loin l'archet de la folie :
O mes amis, prolongez d'heureux jours !

Oui, je les vois ces danses amoureuses
Où la beauté triomphe à chaque pas.
De vingt danseurs je vois les mains heureuses,
Saisir, quitter, ressaisir mille appas.

Dans ces plaisirs que votre cœur m'oublie :
Un seul mot triste en peut troubler le cours.
J'entends au loin l'archet de la folie :
O mes amis, prolongez d'heureux jours !

Combien de fois, auprès de la plus belle,
Dans vos banquets, j'ai présidé chez vous !
Là, de mon cœur jaillissait l'étincelle
Dont la gaîté vous électrisait tous.
De joyeux chants ma coupe était remplie ;
Je la vidais, mais vous versiez toujours.
J'entends au loin l'archet de la folie :
O mes amis, prolongez d'heureux jours !

Des jours charmans la perte est seule à craindre ;
Fêtez-les bien, c'est un ordre des cieux.
Moi, je vieillis, et parfois laisse éteindre
Le peu d'encens dont je nourris mes dieux.
Quand la plus tendre était la plus jolie,
Des fers alors m'auraient paru bien lourds.
J'entends au loin l'archet de la folie :
O mes amis, prolongez d'heureux jours !

Mais accourez, dès qu'une longue ivresse
Du calme enfin vous impose la loi.

Dernier rayon, qu'un reste d'allégresse
Brille en vos yeux et vienne jusqu'à moi.
Dans vos plaisirs ainsi je me replie ;
Je suis vos pas, je chante vos amours.
J'entends au loin l'archet de la folie :
O mes amis, prolongez d'heureux jours !

L'OMBRE D'ANACRÉON.

(SAINTE-PÉLAGIE.)

Air : De la Sentinelle,
ou air nouveau de Dupoty.

Un jeune Grec sourit à des tombeaux :
Victoire ! il dit ; l'écho redit : Victoire !
O demi-dieux ! vous, nos premiers flambeaux,
Trompez le Styx, revoyez votre gloire !
    Soudain sous un ciel enchanté
    Une ombre apparaît et s'écrie :
    « Doux enfans de la liberté,   (*bis.*)

» Le plaisir veut une patrie !
» Une patrie !

» O peuple grec, c'est moi dont les destins
» Furent si doux chez tes aïeux si braves.
» Quand ils chantait l'amour dans leurs festins,
» Anacréon en chassait les esclaves.
» Jamais la tendre volupté
» N'approcha d'une âme flétrie.
» Doux enfant de la liberté,
» Le plaisir veut une patrie !
» Une patrie !

» De l'aigle encor l'aile rase les cieux,
» Du rossignol les chants sont toujours tendres.
» Toi, peuple grec, tes arts, tes lois, tes dieux,
» Qu'en as-tu fait ? qu'as-tu fait de nos cendres?
» Tes fêtes passent sans gaîté
» Sur une rive encor fleurie.
» Doux enfant de la liberté,
» Le plaisir veut une patrie !
» Une patrie !

» Déjà vainqueur, chante et vole au danger;
» Brise tes fers : tu le peux, si tu l'oses.

» Sur nos débris, quoi! le vil étranger
» Dort enivré du parfum de tes roses!
　» Quoi! payer avec la beauté
　» Un tribut à la barbarie!
　» Doux enfant de la liberté,
　» Le plaisir veut une patrie!
　　» Une patrie!

» C'est trop rougir aux yeux du voyageur,
» Qui d'Olympie évoque la mémoire.
» Frappe! et ces bords, au gré d'un ciel vengeur,
» Reverdiront d'abondance et de gloire.
　» Des tyrans le sang détesté
　» Réchauffe une terre appauvrie.
　» Doux enfant de la liberté,
　» Le plaisir veut une patrie!
　　» Une patrie!

» A tes voisins n'emprunte que du fer :
» Tout peuple esclave est allié perfide.
» Mars va t'armer des feux de Jupiter;
» Cher à Vénus, son étoile te guide (1);

---

(1) Suivant M. Pouqueville, les Grecs ont encore en vénération l'étoile de Vénus.

» Bacchus, dieu toujours indompté,
» Remplira ta coupe tarie.
» Doux enfant de la liberté,
» Le plaisir veut une patrie !
» Une patrie ! »

Il se rendort le sage de Téos.
La Grèce enfin suspend ses funérailles.
Thèbes, Corinthe, Athènes, Sparte, Argos,
Ivres d'espoir, exhumez vos murailles !
Vos vierges même ont répété
Ces mots d'une voix attendrie :
Doux enfant de la liberté,
Le plaisir veut une patrie !
Une patrie !

L'EPITAPHE DE MA MUSE.

(SAINTE-PÉLAGIE.)

Air : De Ninon chez madame de Sévigné.
ou air du Vilain.

Venez tous, passans, venez lire
L'épitaphe que je me fais.
J'ai chanté l'amoureux délire,
Le vin, la France et ses hauts faits.
J'ai plaint les peuples qu'on abuse ;
J'ai chansonné les gens du roi ;
Béranger m'appelait sa muse.   (*bis.*)
Pauvres pécheurs, priez pour moi !   (*bis.*)
Priez pour moi ! priez pour moi !

Grâce à moi, qu'il rendit moins folle,
D'être gueux il se consolait,
Lui qui des muses de l'école
N'avait jamais sucé le lait.

Il grelottait dans sa coquille,
Quand d'un luth je lui fis l'octroi.
De fleurs j'ai rempli sa mandille.
Pauvres pécheurs, priez pour moi !

Je l'ai rendu cher au courage
Dont il adoucit le malheur.
En amour il fut mon ouvrage,
J'ai pipé pour cet oiseleur.
A lui plus d'un cœur vint se rendre,
Mais les oiseaux en feront foi :
J'ai fourni la glu pour les prendre.
Pauvres pécheurs, priez pour moi !

Un serpent.... (Dieu ! ce mot rappelle
Que...... rampa vingt ans !)
Un serpent qui fait peau nouvelle
Dès que brille un nouveau printemps,
Fond sur nous, triomphe et nous livre
Aux fers dont on pare la loi.
Sans liberté je ne peux vivre.
Pauvres pécheurs, priez pour moi !

Malgré l'éloquence sublime
De Dupin, qui pour nous parla,

N'ayant pu mordre sur la lime,
Le hideux serpent l'avala.
Or, je trépasse, et, mieux instruite,
Je vois l'enfer avec effroi :
Hier, Satan s'est fait jésuite.
Pauvres pécheurs, priez pour moi !

LA SYLPHIDE.

Air : Je ne sais plus ce que je veux.

La raison a son ignorance ;
Son flambeau n'est pas toujours clair.
Elle niait votre existence,
Sylphes charmans, peuple de l'air.
Mais, écartant sa lourde égide,
Qui gênait mon œil curieux,
J'ai vu naguère une Sylphide.
Sylphes légers, soyez mes dieux.

Oui, vous naissez au sein des roses,
Fils de l'Aurore et des Zéphirs ;

Vos brillantes métamorphoses
Sont le secret de nos plaisirs.
D'un souffle vous séchez nos larmes,
Vous épurez l'azur des cieux;
J'en crois ma Sylphide et ses charmes.
Sylphes légers, soyez mes dieux.

J'ai deviné son origine,
Lorsqu'au bal ou dans un banquet,
J'ai vu sa parure enfantine
Plaire par ce qui lui manquait.
Ruban perdu, boucle défaite;
Elle était bien, la voilà mieux.
C'est de vos sœurs la plus parfaite.
Sylphes légers, soyez mes dieux.

Que de grâce en elle font naître
Vos caprices toujours si doux!
C'est un enfant gâté, peut-être,
Mais un enfant gâté par vous.
J'ai vu, sous un air de paresse,
L'amour rêveur peint dans ses yeux.
Vous qui protégez la tendresse,
Sylphes légers, soyez mes dieux.

Mais son aimable enfantillage
Cache un esprit aussi brillant
Que tous les songes qu'au bel âge
Vous nous apportez en riant.
Du sein de vives étincelles,
Son vol m'élevait jusqu'aux cieux ;
Vous, dont elle empruntait les ailes,
Sylphes légers, soyez mes dieux.

Hélas ! rapide météore,
Trop vite elle a fui loin de nous.
Doit-elle m'apparaître encore ?
Quelque Sylphe est-il son époux ?
Non, comme l'abeille, elle est reine
D'un empire mystérieux ;
Vers son trône un de vous m'entraîne.
Sylphes légers, soyez mes dieux.

LES CONSEILS DE LISE.

CHANSON ADRESSÉE A M. J. LAFFITTE, QUI M'AVAIT PROPOSÉ UN EMPLOI DANS SES BUREAUX POUR RÉPARER LA PERTE DE MA PLACE A L'UNIVERSITÉ.

(1822.)

Air : De la treille de sincérité.

Lise à l'oreille
Me conseille ;
Cet oracle me dit tout bas :
Chantez, monsieur, n'écrivez pas.

Un doux emploi pourrait vous plaire,
Me dit Lise, mais songez bien,
Songez bien au poids du salaire,

Même chez un vrai citoyen.   (*bis.*)
Rester pauvre vous est facile,
Quand l'amour, afin de l'user,
Vient remonter ce luth fragile
Que Thémis a voulu briser.
  Lise à l'oreille
   Me conseille;
Cet oracle me dit tout bas :
Chantez, monsieur, n'écrivez pas.

Dans l'emploi qu'un ami vous offre,
Vous n'oseriez plus, vieil enfant,
Célébrer au bruit de son coffre
Les droits que sa vertu défend.
Vous croiriez voir à chaque rime
Les sots doublement satisfaits,
De vos chansons lui faire un crime,
Vous en faire un de ses bienfaits.
  Lise à l'oreille
   Me conseille ;
Cet oracle me dit tout bas :
Chantez, monsieur, n'écrivez pas.

Craignant alors la malveillance,
Vous ririez moins de ce baron,
Courtier de la Sainte-Alliance,

Qui des rois s'est fait le patron.
Dans les fonds de peur d'une crise,
Il veut que les Grecs soient déçus ;
Pour avoir l'*endos* de Moïse,
On fait banqueroute à Jésus.
  Lise à l'oreille
    Me conseille ;
Cet oracle me dit tout bas :
Chantez, monsieur, n'écrivez pas.

Votre muse en deviendrait folle,
Et croirait flatter en disant
Que sur la *droite* du Pactole
Intrigue et ruse vont puisant ;
Tandis qu'une noble industrie
Puise à *gauche*, et, de toute part,
Reverse à flots sur la patrie
Un or dont le pauvre a sa part.
  Lise à l'oreille
    Me conseille ;
Cet oracle me dit tout bas :
Chantez, monsieur, n'écrivez pas.

Ainsi mon oracle m'inspire,
Puis ajoute ce dernier point :

Des distances l'amour peut rire;
L'amitié n'en supporte point.
Riche de votre indépendance,
Chez Laffitte toujours fêté,
En trinquant avec l'opulence
Vous boirez à l'égalité.
   Lise à l'oreille
    Me conseille;
Cet oracle me dit tout bas :
Chantez, monsieur, n'écrivez pas.

LE PIGEON MESSAGER (1).

(1822.)

Air : De Taconnet.

L'aï brillait, et ma jeune maîtresse
Chantait les dieux dans la Grèce oubliés.
Nous comparions notre France à la Grèce,
Quand un pigeon vient s'abattre à nos pieds. (bis.)
Nœris découvre un billet sous son aile :
Il le portait vers des foyers chéris. (bis.)
Bois dans ma coupe, ô messager fidèle,
Et dors en paix sur le sein de Nœris. (bis.)

---

(1) Tout le monde connaît maintenant l'usage que quelques peuples font des pigeons pour porter les lettres pressées. Emportés loin de leur séjour habituel, ils traversent pour y revenir, les plus grandes distances, avec une rapidité qui paraît incroyable.

Il est tombé, las d'un trop long voyage,
Rendons-lui vite et force et liberté.
D'un traficant remplit-il le message?
Va-t-il d'amour parler à la beauté?
Peut-être il porte, au nid qui le rappelle,
Les derniers vœux d'infortunés proscrits.
Bois dans ma coupe, ô messager fidèle,
Et dors en paix sur le sein de Nœris.

Mais du billet quelques mots me font croire
Qu'il est en France à des Grecs apporté.
Il vient d'Athène, il doit parler de gloire.
Lisons-le donc par droit de parenté.
Athène est libre! ami, quelle nouvelle!
Que de lauriers tout à coup refleuris!
Bois dans coupe, ô messager fidèle,
Et dors en paix sur le sein de Nœris.

Athène est libre! ah! buvons à la Grèce,
Nœris, voici de nouveaux demi-dieux.
L'Europe en vain, tremblante de vieillesse,
Déshéritait ces aînés glorieux :
Ils sont vainqueurs; Athènes, toujours belle,
N'est plus vouée au culte des débris.

Bois dans ma coupe, ô messager fidèle,
Et dors en paix sur le sein de Nœris.

Athène est libre! ô muse des Pindares,
Reprends ton sceptre, et ta lyre, et ta voix.
Athène est libre, en dépit des barbares;
Athène est libre, en dépit de nos rois.
Que l'univers, toujours instruit par elle,
Retrouve encore Athènes dans Paris!
Bois dans ma coupe, ô messager fidèle,
Et dors en paix sur le sein de Nœris.

Beau voyageur au pays des Hellènes,
Repose-toi, puis vole à tes amours;
Vole, et, bientôt reporté dans Athène,
Reviens braver et tyrans et vautours.
A tant de rois dont le trône chancelle,
D'un peuple libre apporte encore les cris.
Bois dans ma coupe, ô messager fidèle,
Et dors en paix sur le sein de Nœris.

L'EAU BÉNITE.

COUPLETS POUR LE MARIAGE A L'ÉGLISE DE DEUX ÉPOUX MARIÉS DEPUIS LONG-TEMPS SANS CÉRÉMONIE.

AIR : Faut d'la vertu.

Ces deux époux ont mis enfin
De l'eau bénite dans leur vin. } (bis.)

A l'autel ce couple s'engage ;
Voilà de quoi nous récrier.
Après vingt ans de mariage,
Oser encor se marier !
Ces deux époux ont mis enfin
De l'eau bénite dans leur vin.

Grand Dieu, des torts que tu nous passes,
Le moindre, aux yeux de ta bonté,

Est celui d'avoir dit les *grâces*
Avant le *bénédicité*.
Ces deux époux ont mis enfin
De l'eau bénite dans leur vin.

Madame, de fleurs ennuyée........
Chut ! me dit-elle. Ah ! puisse un jour,
Du chapeau de la mariée
Sa fille aussi coiffer l'Amour !
Ces deux époux ont mis enfin
De l'eau bénite dans leur vin.

Pour que l'hymen fasse merveilles,
Versez d'un bordeaux réchauffant,
Reste du vin mis en bouteilles
Au baptême de votre enfant.
Ces deux époux ont mis enfin
De l'eau bénite dans leur vin.

Toujours heureux, quoiqu'on en glose,
Prouvez au diable, et prouvez bien,
Que parfois, prise à faible dose,
L'eau Bénite ne gâte rien.
Ces deux époux ont mis enfin
De l'eau bénite dans leur vin.

L'AMITIE.

COUPLETS CHANTÉS A MES AMIS, LE 8 DÉCEMBRE 1822, JOUR ANNIVERSAIRE DE MA CONDAMNATION PAR LA COUR D'ASSISES.

AIR : Quand des ans la fleur printanière.

Sur des roses l'amour sommeille,
Mais, quand s'obscurcit l'horizon,
Célébrons l'amitié qui veille
A la porte d'une prison. (*bis*.)

Tyran aussi, l'amour nous coûte
Des pleurs, qu'elle sait arrêter.
Au poids de nos fers il ajoute,
Elle nous aide à les porter.
Sur des roses l'amour sommeille ;
Mais, quand s'obscurcit l'horizon.

Célébrons l'amitié qui veille
A la porte d'une prison.

Dans l'une de nos cent bastilles,
Lorsque ma muse emménagea,
A peine on refermait les grilles
Que l'amitié frappait déjà.
Sur des roses l'amour sommeille ;
Mais, quand s'obscurcit l'horizon,
Célébrons l'amitié qui veille
A la porte d'une prison.

Heureux qui, libre de ses chaînes,
Bravant la haine et la pitié,
Joint au souvenir de ses peines,
Celui des soins de l'amitié !
Sur des roses l'amour sommeille ;
Mais, quand s'obscurcit l'horizon,
Célébrons l'amitié qui veille
A la porte d'une prison.

Que fait la gloire à qui succombe !
Amis, renonçons à briller.
Donnons les marbres d'une tombe

Pour les plumes d'un oreiller.
Sur des roses l'amour sommeille ;
Mais, quand s'obscurcit l'horizon,
Célébrons l'amitié qui veille
A la porte d'une prison.

Sans bruit, ensemble, ô vous que j'aime,
Trompons les hivers meurtriers.
On peut braver le temps lui-même
Quand on a bravé les geôliers.
Sur des roses l'amour sommeille ;
Mais, quand s'obscurcit l'horizon,
Célébrons l'amitié qui veille
A la porte d'une prison.

LE CENSEUR.

(1822.)

Air : De la robe et des bottes.

On me disait : Il est temps d'être sage ;
Au Pinde aussi l'on change de drapeaux.
Tentez la gloire, et, dans un grand ouvrage,
Pour le théâtre abdiquez les pipeaux.
De mes refrains j'ai repoussé le livre ;
Mais quand j'invoque et Thalie et sa sœur,
Leur voix me crie : Ah ! que Dieu nous délivre,
   Nous délivre au moins du censeur.

La liberté, nourrice du génie,
Voit les beaux-arts pleurant sur son cercueil.
Qui va d'un joug subir l'ignominie,
A de son vers d'avance éteint l'orgueil.

Réponds, Corneille, oserais-tu revivre ?
Et toi, Molière, admirable penseur ?
Non, dites-vous, ou que Dieu vous délivre,
    Vous délivre au moins du censeur.

Tu veux encor ravir le feu céleste,
Jeune homme, épris des lauriers les plus beaux,
Quand la censure, à son rocher funeste,
De ton génie a promis les lambeaux !
D'affreux vautours, que leur pâture enivre,
Vont mutiler le noble ravisseur.
Fils de Japhet, ah ! que Dieu te délivre,
    Te délivre au moins du censeur.

Avec Thalie, en satires féconde,
Peignons nos grands, leurs valets, leurs rimeurs ;
Les vils ressorts qui font mouvoir le monde,
Et la cour même envenimant nos mœurs.
Délateur, tremble ! en scène il faut me suivre.
Jeffrys (1) en vain t'a pris pour assesseur.

---

(1) Juge anglais devenu fameux pendant la restauration des Stuarts, et dont le nom est un peu estropié ici par nécessité pour la mesure.

Quoi ! tu souris ! ah ! que Dieu nous délivre,
Nous délivre au moins du censeur.

De Louis onze évoquons les victimes.
Que, dévoré d'un sanguinaire ennui,
Ce roi bigot, pour se soûler de crimes,
Mette sa vierge entre le diable et lui (1).
Mais, tout sanglans, nos Tristans (2) vont poursuivre
Ce vœu formé contre un lâche oppresseur.
Morts, taisez-vous ! ou que Dieu nous délivre,
Nous délivre au moins du censeur.

Je laisse donc Thalie et Melpomène
Pour la chanson, libre en dépit des rois.
Sans le régir, j'agrandis son domaine ;
D'autres un jour lui traceront des lois.

---

(1) Louis XI, au dire de quelques historiens, demandait pardon de ses crimes à la bonne Vierge de plomb qu'il portait à son chapeau.

(2) Tristan est le nom du grand prevôt de Louis XI. Il était gentilhomme, et réunissait aux fonctions de juge celles d'exécuteur des hautes-œuvres.

Qu'en république on puisse y toujours vivre :
C'est un état qui n'est pas sans douceur.
Pauvres Français, ah ! que Dieu vous délivre,
   Vous délivre au moins du censeur.

LE MAUVAIS VIN,

OU LES CAR.

Air : On dit partout que je suis bête.

Bénis sois-tu, vin détestable !
Pour moi tu n'es point redoutable,
Bien qu'au maître de ce banquet
Des flatteurs vantent ton bouquet.
Arrose donc, fade piquette,
Les fleurs peintes sur mon assiette.
Vive le vin qui ne vaut rien !
Notre santé s'en trouve bien.

Car, si tu m'invitais à boire,
Bientôt je perdrais la mémoire
Du docteur, qui me dit toujours :
« Pour vous c'est assez des amours.
» Chantez Bacchus, ainsi qu'un prêtre
» Parle des dieux sans les connaître. »
Vive le vin qui ne vaut rien !
Notre belle s'en trouve bien.

Car, si tu portais à l'ivresse,
Certaine Espagnole en détresse,
Ce soir, pourrait bien, je le sens,
Mettre à sec ma bourse et mes sens.
Et Lisette, qui tient ma caisse,
Aurait à souffrir de la baisse.
Vive le vin qui ne vaut rien !
Notre raison s'en trouve bien.

Car si tu réchauffais ma veine,
Armé de vers, forgés sans peine,
Tout en chantant, je tomberais
Peut-être au milieu d'un congrès.
Puis j'irais, pour démagogie,
En prison terminer l'orgie.

Vive le vin qui ne vaut rien !
Notre gaîté s'en trouve bien.

Car en prison l'on ne rit guère.
Mais vin, à qui je fais la guerre,
Tu disparais, et sous mes yeux
Mousse un nectar digne des dieux.
Au risque d'une catastrophe
Versez-m'en, je suis philosophe.
Versez ! versez ! je ne crains rien.
Du bon vin je me trouve bien.

LA CANTHARIDE,

OU LE PHILTRE.

Air : Des Comédiens,
ou du rondeau de Miller, intitulé : *Un tour de jardin.*

Meurs, il le faut; meurs, ô toi qui recèles
Des dons puissans, à la volupté chers;
Rends à l'amour tous les feux que tes ailes
Ont à ce dieu dérobés dans les airs.

« Clara » m'a dit cette femme si vieille,
Qui chaque jour pleure encor son printemps,
« Quoi! votre joue est déjà moins vermeille,
» Vous languissez et n'avez que vingt ans?

» Un père altier, que seul l'intérêt touche,
» Vous a jetée au lit d'un vieil époux;

» L'espoir en vain sourit sur votre bouche ;
» L'hymen l'effleure et s'endort près de vous.

» A votre abord naît la froide risée ;
» L'Amour se dit : On m'a fait un larcin,
» Mais cette terre a des nuits sans rosée,
» Et d'aucun fruit ne parera son sein.

» Trompez l'amour, croyez-en ma sagesse ;
» Un philtre heureux, plein de tendres chaleurs,
» De votre époux exhumant la jeunesse,
» Peut de la vôtre épanouir les fleurs. »

La vieille alors, baissant sa voix tremblante,
M'enseigne l'art de ce philtre charmant,
J'allais, sans elle, en ma fièvre brûlante,
Maudire époux, père, autel et serment.

Mais vers ce frêne, accourant dès l'aurore,
Dans ses rameaux j'ai su glisser ma main.
La cantharide y reposait encore ;
Heureuse aussi je dormirai demain.

Meurs, il le faut ; meurs, ô toi qui recèles
Des dons puissans à la volupté chers ;

Rends à l'amour tous les feux que tes ailes
Ont à ce dieu dérobé dans les airs.

Mes jours, mes nuits, ma vie, étaient sans charmes;
Je répugnais à d'innocens plaisirs.
Tout bas, ma bouche, insultant à mes larmes,
Osait donner un nom à mes désirs.

Mon cœur brûlait, hélas! il brûle encore.
Jamais breuvage aura-t-il cette ardeur
Qui dans mon sang circule, me dévore,
Et d'un long trouble accable ma pudeur!

Père cruel! il fallait de ta fille,
Aux murs d'un cloître ensevelir les jours.
Là, Dieu du moins nous crée une famille,
Là; son amour éteint tous les amours.

Où donc est-il l'époux que ma jeunesse
Avait rêvé jeune, beau, caressant?
Entre ses bras ma pudique tendresse
Eût été seule un philtre assez puissant.

De mon hymen, oui, la froideur me tue.
D'un plaisir chaste allumons le flambeau ;

Ah ! cessons d'être une vaine statue,
Dont un mari décore son tombeau.

La tendre vieille a dit : « Soyez docile,
» Et dès demain renaîtront vos couleurs :
» Demain moi-même, au seuil de votre asile,
» Je suspendrai deux couronnes de fleurs. »

Meurs, il le faut; meurs, ô toi qui recèles
Des dons puissans, à la volupté chers;
Rends à l'amour tous les feux que tes ailes
Ont à ce dieu dérobés dans les airs.

LE TOURNE-BROCHE.

Air : Le bruit des roulettes gâte tout.

Du dîner j'aime fort la cloche,
Mais on la sonne en peu d'endroits;
Plus qu'elle aussi le tourne-broche
A nos hommages a des droits.
Combien d'ennemis il rapproche
Chez le prince et chez le bourgeois !

A son doux tic tac un jour les partis
Signeront la paix entre deux rôtis.

 Qu'on reprenne sur la musique
 Les querelles du temps passé,
 Que par l'Amphion italique
 Le grand Mozart soit terrassé ;
 Je ne tiens qu'au refrain bachique
 Par le tourne-broche annoncé.
A son doux tic tac un jour les partis
Signeront la paix entre deux rôtis.

 Lorsque la Fortune à sa roue
 Attache mille ambitieux,
 Les précipite dans la boue
 On les élève jusqu'aux cieux,
 C'est la broche, moi je l'avoue,
 Dont la roue attire mes yeux.
A son doux tic tac un jour les partis
Signeront la paix entre deux rôtis.

 Une montre, admirable ouvrage,
 Des heures décrivant le cours,
 Règle, sans en charmer l'usage,
 Le cercle borné de nos jours ;

Le tourne-broche a l'avantage
D'embellir des instans trop courts.
A son doux tic tac un jour les partis
Signeront la paix entre deux rôtis.

Ce meuble, suivant maint vieux conte,
A manqué seul à l'âge d'or ;
C'est l'amitié qui, pour son compte,
Dut en inventer le ressort :
Vivent ceux que sa main remonte,
Mais gloire à celui du Trésor !
A son doux tic tac un jour les partis
Signeront la paix entre deux rôtis.

LE TAILLEUR ET LA FÉE.

CHANSON CHANTÉE A MES AMIS, LE JOUR ANNIVERSAIRE DE MA NAISSANCE, 19 AOUT 1822.

Air : D'Angeline (de Wilhem.)

Dans ce Paris plein d'or et de misère,
En l'an du Christ mil sept cent quatre-vingt,
Chez un tailleur, mon pauvre et vieux grand-père,
Moi, nouveau-né, sachez ce qui m'advint.
Rien ne prédit la gloire d'un Orphée
A mon berceau, qui n'était pas de fleurs;
Mais mon grand-père, accourant à mes pleurs
Me trouve un jour dans les bras d'une fée.
Et cette fée, avec de gais refrains, ⎫
Calmait le cri de mes premiers chagrins. ⎭ (bis.)

Le bon vieillard lui dit, l'âme inquiète :
« A cet enfant quel destin est promis ? »
Elle répond : « Vois-le, sous ma baguette,
» Garçon d'auberge, imprimeur et commis.
» Un coup de foudre ajoute à mes présages * :
» Ton fils atteint va périr consumé ;
» Dieu le regarde, et l'oiseau ranimé
» Vole en chantant braver d'autres orages. »
Et puis la fée, avec de gais refrains,
Calmait le cri de mes premiers chagrins.

« Tous les plaisirs, sylphes de la jeunesse,
» Éveilleront sa lyre au sein des nuits.
» Au toit du pauvre il répand l'allégresse,
» A l'opulence il sauve des ennuis.
» Mais quel spectacle attriste son langage ?
» Tout s'engloutit et gloire et liberté :
» Comme un pêcheur qui rentre épouvanté,
» Il vient au port raconter leur naufrage. »
Et puis la fée avec de gais refrains,
Calmait le cri de mes premiers chagrins.

Le vieux tailleur s'écrie : « Eh quoi ! ma fille
» Ne m'a donné qu'un faiseur de chansons !

(1) L'auteur fut frappé de la foudre dans sa jeunesse.

» Mieux jour et nuit vaudrait tenir l'aiguille,
» Que, faible écho, mourir en de vains sons. »
« Va, dit la fée, à tort tu t'en alarmes,
» De grands talens ont de moins beaux succès.
» Ses chants légers seront chers aux Français
» Et du proscrit adouciront les larmes. »
Et puis la fée avec de gais refrains,
Calmait le cri de mes premiers chagrins.

Amis, hier, j'étais faible et morose,
L'aimable fée apparaît à mes yeux.
Ses doigts distraits effeuillaient une rose ;
Elle me dit : « Tu te vois déjà vieux.
» Tel qu'aux déserts parfois brille un mirage,
» Aux cœurs vieillis s'offre un doux souvenir.
» Pour te fêter tes amis vont s'unir ;
» Long-temps près d'eux revis dans un autre âge. »
Et puis la fée avec ses gais refrains,
Comme autrefois dissipa mes chagrins.

---

(1) Les effets fantastiques du mirage trompent les yeux du voyageur jusque dans les sables du désert : il croit voir devant lui des forêts, des lacs, des ruisseaux, etc.

LES SCIENCES.

Air :

Fatigué des clartés confuses,
Qui m'ont égaré bien souvent,
J'allais bannir amours et muses ;
J'allais vouloir être savant.
Mais quoi ! pour une âme incertaine,
La science est d'un vain secours.
Gardons Lisette et La Fontaine ;
Muses, restez ; restez, amours.

La nature était mon Armide ;
Dans ses jardins j'errais surpris.
Mais un chimiste moins timide
Règne en vainqueur sur leurs débris.
Dans son fourneau rien qu'il ne jette,
Des gaz il poursuit le concours.
Ma fée y perdrait sa baguette ;
Muses, restez ; restez, amours.

J'ai regret aux contes de vieille,
Quand un docteur dit qu'à sa voix
Les morts lui viennent à l'oreille
De la vie expliquer les lois.
De la lampe il voit la matière,
Les ressorts, le fond, les contours;
Je n'en veux voir que la lumière.
Muses, restez ; restez, amours.

Enfin aux calculs qu'on entasse
Si les cieux n'obéissaient pas :
Plus d'une erreur passe et repasse
Entre les branches d'un compas.
Un siècle a changé la physique ;
Nos temps sont féconds en retours.
Je crains que le soleil n'abdique,
Muses, restez ; restez, amours.

Enivrons-nous de poésie,
Nos cœurs n'en aimeront que mieux.
Elle est un reste d'ambroisie,
Qu'aux mortels ont laissé les dieux.
Quel est sur moi le froid qui tombe?
C'est le froid du soir de mes jours.
Promettez un rêve à ma tombe,
Muses, restez ; restez, amours.

LA DEESSE.

Sur une personne a qui l'auteur a vu représenter la LIBERTÉ dans une des fêtes de la révolution.

Air : De la petite gouvernante.

Est-ce bien vous, vous que je vis si belle,
Quand tout un peuple, entourant votre char,
Vous saluait du nom de l'immortelle
Dont votre main brandissait l'étendard ?
De nos respects, de nos cris d'allégresse,
De votre gloire et de votre beauté,
Vous marchiez fière ; oui, vous étiez déesse,
 Déesse de la liberté.

Vous traversiez des ruines gothiques ;
Nos défenseurs se pressaient sur vos pas ;

Les fleurs pleuvaient, et des vierges pudiqu
Mêlaient leurs chants à l'hymne des combats.
Moi, pauvre enfant, dans une coupe amère,
En orphelin par le sort allaité,
Je m'écriais : « Tenez-moi lieu de mère,
    Déesse de la liberté. »

De noms affreux cette époque est flétrie ;
Mais, jeune alors, je n'ai rien pu juger.
En épelant le doux mot de patrie,
Je tressaillais d'horreur pour l'étranger.
Tout s'agitait, s'armait pour la défense ;
Tout était fier, surtout la pauvreté.
Ah ! rendez-moi les jours de mon enfance,
    Déesse de la liberté.

Volcan éteint sous les cendres qu'il lance,
Après vingt ans, ce peuple se rendort ;
Et l'étranger, apportant sa balance,
Lui dit deux fois : « Gaulois, pesons ton or. »
Quand notre ivresse, au ciel rendant hommage,
Sur un autel élevait la beauté,
D'un rêve heureux vous n'étiez que l'image,
    Déesse de la liberté.

Je vous revois, et le temps trop rapide
Ternit ces yeux où riaient les amours ;
Je vous revois, et votre front qu'il ride
Semble à ma voix rougir de vos beaux jours.
Rassurez-vous : char, autel, fleurs, jeunesse,
Gloire, vertu, grandeur, espoir, fierté,
Tout a péri ; vous n'êtes plus déesse,
    Déesse de la liberté.

LE MALADE.

(Avril 1823.)

Air : Muse des bois, etc.

Un mal cuisant déchire ma poitrine,
Ma faible voix s'éteint dans les douleurs ;
Et tout renaît, et déjà l'aube-épine
A vu l'abeille accourir à ses fleurs.
Dieu d'un sourire a béni la nature,
Dans leur splendeur les cieux vont éclater.
Reviens ma voix, faible, mais douce et pure,
Il est encor de beaux jours à chanter.

Mon Esculape (1) a renversé mon verre,
Plus de gaîté! mon front se rembrunit.
Mais vient l'amour et le mois qu'il préfère;
Déjà l'oiseau butine pour son nid.
Des voluptés le torrent va s'épandre
Sur l'univers qui semblait végéter.
Reviens, ma voix, faible, mais toujours tendre,
Il est encor des plaisirs à chanter.

Pour mon pays que de chansons encore!
D'un lâche oubli vengeons les trois couleurs (2).
De nouveaux noms la France se décore;
A l'aigle éteint nous redevons des pleurs.
Que de périls la tribune orageuse
Offre aux vertus qui l'osent affronter!

---

(1) Le célèbre docteur Dubois, à qui l'auteur de ces chansons ne peut témoigner trop de reconnaissance, et en qui les qualités du cœur égalent la science et l'étonnante habileté.

(2) A l'époque où cette chanson fut faite, on avait banni du salon de peinture les tableaux où M. Horace Vernet a si bien représenté les beaux faits d'armes de la révolution. On a senti cette année le ridicule d'une pareille mesure.

Reviens ma voix, faible, mais courageuse,
Il est encor des gloires à chanter.

Puis, j'entrevois la liberté bannie ;
Elle revient : despotes, à genoux !
Pour l'étouffer, en vain la tyrannie
Fait signe au Nord de déborder sur nous.
L'ours effrayé regagne sa tanière,
Loin du soleil qu'il voulait disputer.
Reviens, ma voix, faible, mais libre et fière,
Il est encore un triomphe à chanter.

Que dis-je, hélas ! oui la terre s'éveille,
Belle et parée, au souffle du printemps,
Mais dans nos cœurs le courage sommeille ;
. . . .
La Grèce expire, et l'Europe est tremblante ;
. . . .
Reviens ma voix, faible, mais consolante,
Il est encor des martyrs à chanter.

LA COURONNE DE BLUETS.

A MADAME.

Air : J'ai vu partout dans mes voyages.

Du ciel j'arrive, et mon voyage
Nous épargne à tous bien des pleurs.
Beauté folâtre autant que sage,
Ne jouez plus avec des fleurs.
Sachez qu'hier, la panse ronde,
Et l'œil obscurci par Bacchus,
Jupin a cru, dans notre monde,
Voir une couronne de plus.

A la colère il s'abandonne :
« L'abus, dit-il, devient trop fort.
Encore un front que l'on couronne,
Quand le faiseur de rois est mort.
Sur ce front lançons mon tonnerre ;
Du faible enfin vengeons les droits.

Je veux voir un jour sur la terre,
Les rois sujets, les sujets rois. »

Dans son conseil alors j'arrive,
(Où les rimeurs n'entrent-ils pas !)
En joue il vous met sans qui vive,
Mais je l'aborde chapeau bas :
« Jupin, de ton arrêt j'appelle,
Ta balance et tes poids sont faux.
Ta cour de justice éternelle
A t-elle eu ses gardes-des-sceaux ?

» Braque tes lunettes, vieux sire,
Sur le front couronné par nous ;
De la candeur c'est le sourire,
De la bonté c'est l'œil si doux.
Lorsque les carreaux de son foudre
Chez nos sourds passent pour muets,
Jupin ne mettrait-il en poudre
Qu'une couronne de bluets ? »

« Oh ! oh ! dit-il ; qu'allais-je faire !
Ailleurs frappons, mon foudre est chaud. »
« Frappe ; mais sur notre hémisphère
Vise donc plus bas ou plus haut. »

Heureux d'avoir su vous défendre,
J'accours des célestes donjons;
Quant à Jupin, je viens d'apprendre
Qu'il a foudroyé deux pigeons.

L'ÉPÉE DE DAMOCLÈS.

Air : A soixante ans, etc.

De Damoclès l'épée est bien connue;
En songe, à table, il m'a semblé la voir.
Sous cette épée et menaçante et nue,
Denis l'Ancien me forçait à m'asseoir. (bis.)
Je m'écriais : Que mon destin s'achève,
La coupe en main, au doux bruit des concerts. (b.)
O vieux Denis, je me ris de ton glaive (1),
Je bois, je chante, et je siffle tes vers. (bis.)

---

(1) Denis l'ancien, tyran de Syracuse, était, comme on sait, un métromane déterminé : il envoyait aux Car-

Servez, disais-je à messieurs de la bouche :
Versez ! versez ! messieurs du gobelet.
Malheur d'autrui n'est point ce qui te touche,
Denis, sur moi, fais donc vite un couplet. (*bis*.)
Ton Apollon à nos larmes fait trêve :
Il nous égaie au sein d'affreux revers. (*bis*.)
O vieux Denis, je me ris de ton glaive,
Je bois, je chante, et je siffle tes vers. (*bis*.)

Puisqu'à rimer sans remords tu t'amuses,
De la patrie écoute un peu la voix :
Elle est, crois-moi, la première des muses,
Mais rarement elle inspire les rois. (*bis*.)
Du frêle arbuste où bout sa noble séve,
La moindre fleur parfume au loin les airs. (*bis*.)
O vieux Denis, je me ris de ton glaive,
Je bois, je chante, et je siffle tes vers. (*bis*.)

Tu crois du Pinde avoir conquis la gloire,
Quand ses lauriers, de ta foudre encor chauds,

---

rières ceux qui ne trouvaient pas ses vers bons. Quant à
l'histoire du festin de Damoclès, elle est trop connue
pour qu'il soit besoin de la rapporter ici.

Vont, à prix d'or, te cacher à l'histoire,
Ou balayer la fange des cachots. (*bis.*)
Mais, à ton nom, Clio, qui se soulève,
Sur ton cercueil viendra peser nos fers. (*bis.*)
O vieux Denis, je me ris de ton glaive,
Je bois, je chante, et je siffle tes vers. (*bis.*)

Que du mépris la haine au moins me sauve,
Dit ce bon roi, qui rompt un fil léger;
Le fer pesant tombe sur mon front chauve,
J'entends ces mots : Denis sait se venger. (*bis.*)
Me voilà mort; et, poursuivant mon rêve,
La coupe en main, je répète aux enfers : (*bis.*)
O vieux Denis, je me ris de ton glaive;
Je bois, je chante, et je siffle tes vers. (*bis.*)

LA MAISON DE SANTÉ.

A MADAME G........, POUR LA SAINT-JEAN,
JOUR DE SA FÊTE.

AIR : Du Ménage du Garçon.
ou du petit Matelot.

NAGUÈRE en un royal hospice,
J'allai subir les soins de l'art.
Esculape me fut propice,
Je bénis cet heureux hasard. (*bis.*)
Mais l'amitié, toujours craintive,
Me dit : « Point de sécurité !
Un *quiproquo* bien vite arrive.
Change de maison de santé. » (*bis.*)

A R.... elle me transporte,
Je me sens mieux en avançant.

La bienfaisance est sur la porte,
Le malheur salue en passant.
Là, Jeannette est supérieure;
Et le ciel fit de sa bonté
La lampe qui brûle à toute heure
Dans cette maison de santé.

Molière a terminé sa vie
Entre deux sœurs de charité :
Or, quand Jeanne fait œuvre pie,
C'est un rendu pour un prêté.
De Thalie elle fut tourière
Avec talent, grâce et beauté,
Et la suivante de Molière
Fonde une maison de santé.

L'amitié seule y donne place;
Moi, j'en ai fait mon Hôtel-Dieu.
Infirmiers, remplissez ma tasse,
C'est aujourd'hui le saint du lieu.
Quand il s'agit de fêter Jeanne,
Mon seul régime est la gaîté.
Je veux m'enivrer de tisane
Dans cette maison de santé.

LA BONNE MAMAN.

COUPLETS A UNE DAME DE TRENTE ANS, QUE L'AU-
TEUR APPELAIT SA GRAND'-MÈRE.

Air : J'étais bon chasseur autrefois.

Au dire du proverbe ancien,
L'amitié ne remonte guère.
Bon petit-fils, je n'en crois rien,
Quand je pense à vous, ma grand'-mère :
Ces titres, quelquefois si doux,
Vous paraîtraient-ils insipides ?
Bonne maman, consolez-vous :
Vous n'avez point encor de rides.

L'âge a-t-il éteint vos désirs ?
Blâmez-vous les tendres chimères ?

Censurer les plus doux plaisirs
Est le plaisir de nos grand's-mères.
Les ans font-ils neiger sur nous,
A nos yeux tout se décolore.
Bonne maman, consolez-vous :
Vous ne blanchissez point encore.

L'amour a peur des grand's-mamans,
Mais, à prix d'or, combien de vieilles
Ont à leurs gages des amans,
Dont les missives font merveilles !
On sait, pour lire un billet doux,
Quel moyen prennent ces coquettes.
Bonne maman, consolez-vous :
Vous lisez encor sans lunettes.

Quoi ! sans rides, sans cheveux blancs,
Et sans lunettes à votre âge !
Voyons si vos genoux tremblans
Des ans n'attestent pas l'outrage.
Oui, je vois trembler vos genoux,
Que l'amour tendrement caresse.
Bonne maman, consolez-vous :
Prenez un bâton de vieillesse.

LE VIOLON BRISÉ.

Air : Je regardais Madelinette.

Viens, mon chien, viens, ma pauvre bête,
Mange malgré mon désespoir.
Il me reste un gâteau de fête,
Demain nous aurons du pain noir.   (*bis*.)

Les étrangers, vainqueurs par ruse,
M'ont dit hier dans ce vallon :
Fais-nous danser ! moi je refuse ;
L'un d'eux brise mon violon.

C'était l'orchestre du village.
Plus de fêtes ! plus d'heureux jours !
Qui fera danser sous l'ombrage ?
Qui réveillera les amours ?   (*bis*.)

Sa corde vivement pressée,
Dès l'aurore d'un jour bien doux,

Annonçait à la fiancée
Le cortége du jeune époux.

Aux curés qui l'osaient entendre,
Nos danses causaient moins d'effroi.
La gaîté qu'il savait répandre,
Eût déridé le front d'un roi. (bis.)

S'il préluda, dans notre gloire,
Aux chants qu'elle nous inspirait,
Sur lui, jamais pouvais-je croire
Que l'étranger se vengerait?

Viens, mon chien, viens, ma pauvre bête,
Mange malgré mon désespoir.
Il me reste un gâteau de fête,
Demain nous aurons du pain noir. (bis.)

Combien sous l'orme ou dans la grange
Le dimanche va sembler long !
Dieu bénira-t-il la vendange
Qu'on ouvrira sans violon ?

Il délassait des longs ouvrages,
Du pauvre étourdissait les maux ;

Des grands, des impôts, des orages,
Lui seul consolait nos hameaux.   (*bis.*)

Les haines, il les faisait taire ;
Les pleurs amers, il les séchait.
Jamais sceptre n'a fait sur terre
Autant de bien que mon archet.

Mais l'ennemi qu'il faut qu'on chasse
M'a rendu le courage aisé.
Qu'en mes mains un mousquet remplace
Le violon qu'il a brisé.   (*bis.*)

Tant d'amis, dont je me sépare,
Diront un jour, si je péris :
Il n'a point voulu qu'un barbare
Dansât gaîment sur nos débris.

Viens, mon chien, viens, ma pauvre bête,
Mange malgré mon désespoir.
Il me reste un gâteau de fête,
Demain nous aurons du pain noir.   (*bis.*)

LE CONTRAT DE MARIAGE.

IMITÉ D'UN ANCIEN FABLIAU.

AIR : Daignez m'épargner le reste.
ou du vaudeville d'Angélique et Melcourt.

« Sire, de grâce, écoutez-moi !
(Le prince courait chez sa dame)
» Sire, vous êtes un grand roi ;
» Daignez me venger de ma femme. »
Le roi dit : « Qu'on tienne éloigné
» Ce fou qui m'arrête au passage. »
— « Ah ! sire, vous avez signé
» Mon contrat de mariage. »

Ces mots font sourire le roi :
« Gardes, je défends qu'on l'assomme.
» Vilain, dit-il, explique-toi. »
— « Sire, j'ai fait le gentilhomme.

» J'acquis d'un argent bien gagné
» Château, blason, titre, équipage;
» Et, sire, vous avez signé
   » Mon contrat de mariage.

» J'ai pris femme noble, aux doux yeux,
» Aux mains blanches, au cou de cygne.
» Son père a dit : Par mes aïeux !
» Mon gendre, il faut que le roi signe.
» Votre nom fut accompagné
» D'un pâté de mauvais présage,
» Sire, quand vous avez signé
   » Mon contrat de mariage.

» J'étais en habit de gala
» Sire, et pour abréger l'histoire,
» Rappelez-vous que ce jour-là
» Un beau page tint l'écritoire.
» Ma femme ici l'avait lorgné.
» Hier je l'ai surpris.... Quel outrage
» Pour vous, dont la plume a signé
   » Mon contrat de mariage ! »

Le roi dit : « Je n'ai qualité
« Que pour guérir les écrouelles.

» Un diable, cornard effronté,
» Vilains, ici guette vos belles.
» Sur les rois même il a régné,
» Et met un sceau de vasselage
» A tous les gens dont j'ai signé
 » Le contrat de mariage. »

Le livre où j'ai puisé ceci,
Ajoute que l'époux morose
Faillit mourir de noir souci,
Et que d'un dicton il fut cause :
Dès qu'un mari peu résigné
Prêtait à rire au voisinage,
Le roi, disait-on, a signé
 Son contrat de mariage.

LE CHANT DU COSAQUE.

Air : Dis-moi, soldat ; dis-moi t'en souviens-tu ?

Viens, mon coursier, noble ami du cosaque,
Vole au signal des trompettes du Nord.
Prompt au pillage, intrépide à l'attaque,
Prête, sous moi, des ailes à la mort.
L'or n'enrichit ni ton frein, ni ta selle ;
Mais attends tout du prix de mes exploits.
Hennis d'orgueil, ô mon coursier fidèle,
Et foule aux pieds les peuples et les rois.

La paix, qui fuit, m'abandonne tes guides,
La vieille Europe a perdu ses remparts.
Viens de trésors combler mes mains avides ;
Viens reposer dans l'asile des arts.
Retourne boire à la Seine rebelle,
Où, tout sanglant, tu t'es lavé deux fois.
Hennis d'orgueil, ô mon coursier fidèle,
Et foule aux pieds les peuples et les rois.

. . . .
. . . .
. . . .
. . . .

J'ai pris ma lance, et tous vont devant elle
Humilier et le sceptre et la croix.
Hennis d'orgueil, ô mon coursier fidèle,
Et foule aux pieds les peuples et les rois.

J'ai d'un géant vu le fantôme immense,
Sur nos bivouacs fixer un œil ardent.
Il s'écriait : Mon règne recommence !
Et de sa hache il montrait l'Occident.
Du roi des Huns c'était l'ombre immortelle;
Fils d'Attila, j'obéis à sa voix.
Hennis d'orgueil, ô mon coursier fidèle,
Et foule aux pieds les peuples et les rois.

Tout cet éclat dont l'Europe est si fière,
Tout ce savoir qui ne la défend pas,
S'engloutira dans les flots de poussière
Qu'autour de moi vont soulever tes pas.

Efface, efface, en ta course nouvelle,
Temples, palais, mœurs, souvenirs et lois.
Hennis d'orgueil, ô mon coursier fidèle,
Et foule aux pieds les peuples et les rois.

LES HIRONDELLES.

Air : De la romance de Joseph.

Captif au rivage du Maure,
Un guerrier, courbé sous ses fers,
Disait : Je vous revois encore,
Oiseaux ennemis des hivers.
Hirondelles, que l'espérance
Suit jusqu'en ces brûlans climats,
Sans doute vous quittez la France ;
De mon pays ne me parlez-vous pas ?

Depuis trois ans, je vous conjure
De m'apporter un souvenir

Du vallon, où ma vie obscure
Se berçait d'un doux avenir.
Au détour d'une eau qui chemine
A flots purs, sous de frais lilas,
Vous avez vu notre chaumine ;
De ce vallon ne me parlez-vous pas ?

L'une de vous peut-être est née
Au toit où j'ai reçu le jour ;
Là, d'une mère infortunée
Vous avez dû plaindre l'amour.
Mourante, elle croit à toute heure
Entendre le bruit de mes pas :
Elle écoute, et puis elle pleure.
De son amour ne me parlez-vous pas ?

Ma sœur est-elle mariée ?
Avez-vous vu de nos garçons
La foule, aux noces conviée,
La célébrer dans leurs chansons ?
Et ces compagnons du jeune âge
Qui m'ont suivi dans les combats,
Ont-ils revu tous le village ?
De tant d'amis ne me parlez-vous pas ?

Sur leurs corps, l'étranger peut-être
Du vallon reprend le chemin;
Sous mon chaume il commande en maître
De ma sœur il trouble l'hymen.
Pour moi, plus de mère qui prie,
Et partout des fers ici-bas.
Hirondelles, de ma patrie,
De ses malheurs ne me parlez-vous pas?

LES FILLES.

COUPLETS A UN AMI QUE SA FEMME VENAIT DE RENDRE PÈRE D'UNE QUATRIÈME FILLE.

Air : Verdrillon, verdrillette, verdrille.

Quand des filles naissent chez vous,
 Pour le plaisir de ce monde,
Dites-moi, messieurs les époux,
 Pourquoi chacun de vous gronde?
Aux filles, morbleu, nous tenons;
Faites-en, faites-en de gentilles;
Qu'elles soient anges ou démons,
 Faites des filles;
 Nous les aimons.

Maris, toujours trop occupés,
 Que, près des gens qui vous aident,

Aux femmes qui vous ont trompés
Un jour vos filles succèdent.
Aux filles, morbleu, nous tenons;
Faites-en, faites-en de gentilles;
Qu'elles soient anges ou démons,
Faites des filles;
Nous les aimons.

Pour les pères, pour les amans,
Fille d'humeur folle ou sage
Ajoute aux charmes des beaux ans,
Ote à l'ennui du vieil âge.
A leur cœur aussi nous tenons;
Faites-en, faites-en de gentilles;
Qu'elles soient anges ou démons
Faites des filles;
Nous les aimons.

Pour Batyle aux fraîches couleurs,
Quand Anacréon détonne,
Les Grâces arrachent les fleurs
Dont cet enfant le couronne.
Aux filles nous nous en tenons;
Faites-en, faites-en de gentilles;

Qu'elles soient anges ou démons,
Faites des filles ;
Nous les aimons.

Mais pour quatre filles buvons
A toi, mari, qui nous aimes.
Pour nos fils nous te le devons ;
Que n'est-ce, hélas ! pour nous-mêmes !
A vos filles, oui, nous tenons ;
Faites-en, faites-en de gentilles ;
Qu'elles soient anges ou démons,
Faites des filles ;
Nous les aimons.

LE CACHET.

OU LETTRE A SOPHIE.

Air de la bonne vieille, de B. Wilhem.

Il vient de toi, ce cachet où le lierre
Serpente en or, symbole ingénieux ;
Cachet où l'art a gravé sur la pierre
Un jeune amour au doigt mystérieux :
Il est sacré ; mais en vain, ma Sophie,
A ton amant il offre son secours :
De son pouvoir ma plume se défie.
Plus de secret, même pour les amours !

Pourquoi, dis-tu, si loin de ton amie,
Quand une lettre adoucit ses regrets,

Pourquoi penser qu'une main ennemie
Brise le dieu qui scelle nos secrets?
Je ne crains point qu'un jaloux en délire,
Jamais, Sophie, à ce crime ait recours.
Ce que je crains, je tremble de l'écrire.
Plus de secret ; même pour les amours !

Il est, Sophie, un monstre à l'œil perfide,
Qui de Venise ensanglanta les lois ;
Il tend la main au salaire homicide,
Souffle la peur dans l'oreille des rois ;
Il veut tout voir, tout entendre, tout lire ;
Cherche le mal et l'invente toujours ;
D'un sceau fragile il amollit la cire.
Plus de secret, même pour les amours !

Ces mots tracés pour toi seule, ô Sophie,
Son œil affreux avant toi les lira.
Ce qu'au papier ma tendresse confie
Ira grossir un complot qu'il vendra.
Ou bien, dit-il, de ce couple qui s'aime,
Livrons la vie aux sarcasmes des cours,
Et déridons l'ennui du diadème.
Plus de secret, même pour les amours !

Saisi d'effroi je repousse la plume
Qui de l'absence eût charmé la douleur.
Pour le cachet la cire en vain s'allume,
On le rompra; j'aurai fait ton malheur.
Par le grand roi, qui trahit La Vallière,
Ce lâche abus fut transmis à nos jours :
Cœurs amoureux, maudissez sa poussière.
Plus de secret, même pour les amours !

LA JEUNE MUSE.

RÉPONSE A DES COUPLETS QUI M'ONT ÉTÉ ADRESSÉS PAR Mlle...., AGÉE DE 12 ANS.

Air : Où s'en vont ces gais bergers ?

Pour les vers, quoi ! vous quittez
  Les plaisirs de votre âge !
Ma muse, que vous flattez,
  Aux amours rend hommage.
Ce sont aussi des enfans
  A la voix séduisante;

Mais, hélas! vous n'avez que douze ans,
Et moi j'en ai quarante !

Pourquoi parler de lauriers?
De pleurs on les arrose.
Ce n'est point aux chansonniers
Que la gloire en impose.
La fleur, orgueil du printemps,
Est le prix qui nous tente.
Mais, hélas ! vous n'avez que douze ans,
Et moi j'en ai quarante !

Jeune oiseau, prenez l'essor,
Égayez le bocage.
Par des chants plus doux encor
Brillez dans un autre âge.
De les inspirer je sens
Combien l'espoir m'enchante.
Mais, hélas! vous n'avez que douze ans,
Et moi j'en ai quarante !

De me couronner de fleurs,
Oui, vous perdrez l'envie.
Sous des dehors plus flatteurs
Vous verrez le génie.

Puissiez-vous pour mon encens
   Être alors indulgente.
Mais à peine vous aurez vingt ans
   Que j'en aurai cinquante.

LA FUITE DE L'AMOUR.

AIR :

Je vois déjà se déployer tes ailes,
Amour, adieu ! mon bel âge est passé.
D'un air moqueur les Grâces infidèles
Montrent du doigt mon réduit délaissé.
S'il fut des jours où j'ai maudit tes armes,
Savais-je, hélas ! que tu m'en punirais !
Ah ! plus, Amour, tu nous causes de larmes,
Plus, quand tu fuis, tu laisses de regrets.

Je reposais du sommeil de l'enfance,
Lorsqu'à ta voix mes yeux se sont ouverts.
Dans la beauté j'adorai ta puissance
Et vins m'offrir de moi-même à tes fers.

Si jeune encor j'ignorais tes alarmes,
Tes sombres feux, le poison de tes traits.
Ah! plus, Amour, tu nous causes de larmes,
Plus, quand tu fuis, tu laisses de regrets.

Glacé par l'âge, il se peut que j'oublie
Tous les baisers que Rose me donna,
Mais non les pleurs versés pour Eulalie,
Non les soupirs perdus près de Nina.
Pour bien aimer l'une avait trop de charmes;
Mes vœux pour l'autre ont dû rester secrets.
Ah! plus, Amour, tu nous causes de larmes,
Plus, quand tu fuis, tu laisses de regrets.

Fuis donc, Amour, ma couche solitaire,
Fuis! car déjà tu souris de pitié.
De mes ennuis pénétrant le mystère,
Les bras tendus, vers moi vient l'Amitié.
Pour l'éloigner fais luire encor tes armes:
Ses soins sont doux, mais j'en abuserais;
Car plus, Amour, tu nous causes de larmes,
Plus, quand tu fuis, tu laisses de regrets.

L'ANNIVERSAIRE.

Air : Du partage de la richesse.

Depuis un an vous êtes née,
Héloïse, le savez-vous ?
C'est là votre plus belle année,
Mais l'avenir vous sera doux.
Voici des fleurs que l'on vous donne,
Parez-vous-en, et, s'il vous plaît,
Charmante avec cette couronne,
N'allez point en faire un hochet.

Un enfant, qui ne vieillit guère,
Sachant qui vous donna le jour,
Devine que vous saurez plaire ;
Vous le connaîtrez, c'est l'Amour.
Redoutez-le pour mille causes,
Bien qu'il vous soit frère de lait,
Car de votre chapeau de roses
Il voudra se faire un hochet.

L'espérance aux ailes brillantes
Sur vous se plaît à voltiger ;
De combien de formes riantes
Vous dote son prisme léger !
A ses doux songes asservie,
Vous serez heureuse en effet,
Si pour chaque âge de la vie
Elle vous réserve un hochet.

IMPROMPTU

SUR LE MARIAGE DE N. ET DE M.

(1810.)

AIR : J'étais bon chasseur autrefois.

Nous allons devoir aux Amours,
Dit-on, le bonheur de la terre;
Le sang coulera donc toujours,
Soit pour la paix, soit pour la guerre!
Mais pour nous rendre le repos
Ne plaignons pas ce qu'il en coûte :
Mars en aurait versé des flots,
Vénus n'en répand qu'une goutte.

LE VIEUX SERGENT.

(AN 1815.)

AIR : Dis-moi, soldat; dis-moi, t'en souviens-tu?

Près du rouet de sa fille chérie
Le vieux sergent se distrait de ses maux,
Et, d'une main que la balle a meurtrie,
Berce en riant deux petits-fils jumeaux.
Assis tranquille au seuil du toit champêtre,
Son seul refuge après tant de combats,
Il dit parfois : « Ce n'est pas tout de naître;
» Dieu, mes enfans, vous donne un beau trépas! »

Mais, qu'entend-il? le tambour qui résonne;
Il voit au loin passer un bataillon.
Le sang remonte à son front qui grisonne;
Le vieux coursier a senti l'aiguillon.

Hélas ! soudain, tristement il s'écrie :
« C'est un drapeau que je ne connais pas (1).
» Ah ! si jamais vous vengez la patrie,
» Dieu, mes enfans, vous donne un beau trépas !

» Qui nous rendra, dit cet homme héroïque,
» Aux bords du Rhin, à Jemmape, à Fleurus,
» Ces paysans, fils de la république,
» Sur la frontière, à sa voix accourus !
» Pieds nus, sans pain, sourds aux lâches alarmes,
» Tous à la gloire allaient du même pas.
» Le Rhin lui seul peut retremper nos armes.
» Dieu, mes enfans, vous donne un beau trépas !

» De quel éclat brillaient dans la bataille
» Ces habits bleus par la victoire usés !
» La Liberté mêlait à la mitraille
» Des fers rompus et des sceptres brisés.
» Les nations, reines par nos conquêtes,
» Ceignaient de fleurs le front de nos soldats.
» Heureux celui qui mourut dans ces fêtes !
» Dieu, mes enfans, vous donne un beau trépas !

---

(1) La France était alors couverte de drapeaux étrangers.

» Tant de vertu trop tôt fut obscurcie.
» Pour s'anoblir nos chefs sortent des rangs ;
» Par la cartouche encor toute noircie,
» Leur bouche est prête à flatter les tyrans.
» La Liberté déserte avec ses armes ;
» D'un trône à l'autre ils vont offrir leurs bras ;
» A notre gloire on mesure nos larmes.
» Dieu, mes enfans, vous donne un beau trépas ! »

Sa fille alors, interrompant sa plainte,
Tout en filant, lui chante à demi-voix
Ces airs proscrits qui, les frappant de crainte,
Ont en sursaut réveillé tous les rois.
. . . .
. . . .

Puis il répète à ses fils qui sommeillent :
« Dieu, mes enfans, vous donne un beau trépas ! »

LE PRISONNIER.

Air de la Balançoire, d'Amédée de Beauplan.

Reine des flots, sur ta barque rapide,
Vogue en chantant, au bruit des longs échos.
Les vents sont doux, l'onde est calme et limpide;
Le ciel sourit, vogue, reine des flots.

 Moi, captif à la fleur de l'âge,
 Dans ce vieux fort inhabité,
 J'attends, chaque jour, ton passage
 Comme j'attends la liberté.
Reine des flots, sur ta barque rapide,
Vogue en chantant, au bruit des longs échos.
Les vents sont doux, l'onde est calme et limpide;
Le ciel sourit, vogue, reine des flots.

 L'eau te réfléchit grande et belle,
 Ton sein forme un heureux contour.

A qui ta voile obéit-elle ?
Est-ce au zéphir ? est ce à l'amour ?
Reine des flots, sur ta barque rapide,
Vogue en chantant, au bruit des longs échos.
Les vents sont doux, l'onde est calme et limpide;
Le ciel sourit, vogue, reine des flots.

De quel espoir mon cœur s'enivre !
Tu veux m'arracher de ce fort.
Libre par toi, je vais te suivre ;
Le bonheur est sur l'autre bord.
Reine des flots, sur ta barque rapide,
Vogue en chantant, au bruit des longs échos.
Les vents sont doux, l'onde est calme et limpide;
Le ciel sourit, vogue, reine des flots.

Tu t'arrêtes, et ma souffrance
Semble mouiller tes yeux de pleurs.
Hélas ! semblable à l'espérance,
Tu passes, tu fuis, et je meurs.
Reine des flots, sur ta barque rapide,
Vogue en chantant, au bruit des longs échos.
Les vents sont doux, l'onde est calme et limpide;
Le ciel sourit, vogue, reine des flots.

L'illusion m'est donc ravie !
Mais non : vers moi tu tends la main.
Astre de qui dépend ma vie,
Pour moi tu brilleras demain.
Reine des flots, sur ta barque rapide,
Vogue en chantant, au bruit des longs échos.
Les vents sont doux, l'onde est calme et limpide,
Le ciel sourit, vogue, reine des flots.

L'ANGE EXILÉ.

A CORINE DE L....

Air : A soixante ans il ne faut pas.

Je veux, pour vous, prendre un ton moins frivole:
Corinne, il fut des anges révoltés.
Dieu sur leur front fait tomber sa parole,
Et dans l'abîme ils sont précipités.   (bis.)
Doux, mais fragile, un seul, dans leur ruine,
Contre ses maux garde un puissant secours ; (bis.)
Il reste armé de sa lyre divine.   } (b.)
Ange aux yeux bleus, protégez-moi toujours.

L'enfer mugit d'un effroyable rire,
Quand, dégoûté de l'orgueil des méchans,
L'ange qui pleure en accordant sa lyre,
Fait éclater ses remords et ses chants.

Dieu d'un regard l'arrache au gouffre immonde,
Mais, ici-bas, veut qu'il charme nos jours.
La poésie enivrera le monde.
Ange aux yeux bleus, protégez-moi toujours.

Vers nous il vole en secouant ses ailes,
Comme l'oiseau que l'orage a mouillé.
Soudain la terre entend des voix nouvelles,
Maint peuple errant s'arrête émerveillé.
Tout culte alors n'étant que l'harmonie,
Aux cieux jamais Dieu ne dit : Soyez sourds.
L'autel s'épure aux parfums du génie.
Ange aux yeux bleus, protégez-moi toujours.

En vain l'enfer, des clameurs de l'envie,
Poursuit cet ange échappé de ses rangs ;
De l'homme inculte il adoucit la vie,
Et sous le dais montre au doigt les tyrans.
Tandis qu'à tout sa voix prêtant des charmes,
Court jusqu'au pôle éveiller les amours,
Dieu compte au ciel ce qu'il sèche de larmes.
Ange aux yeux bleus, protégez-moi toujours.

Qui peut me dire où luit son auréole ?
De son exil Dieu l'a-t-il rappelé,

Mais vous chantez, mais votre voix console,
Corinne, en vous l'ange s'est dévoilé.
Votre printemps veut des fleurs éternelles,
Votre beauté de célestes atours ;
Pour un long vol vous déployez vos ailes ;
Ange aux yeux bleus, protégez-moi toujours.

LA VERTU DE LISETTE.

Air : Je loge au quatrième étage.

Quoi ! de la vertu de Lisette
Vous plaisantez, dames de cour ?
Eh bien ! d'accord : elle est grisette,
C'est de la noblesse en amour.
Le barreau, l'église et les armes,
De ses yeux noirs font très-grand cas.
Lise ne dit rien de vos charmes ;
De sa vertu ne parlons pas.

D'avoir fait de riches conquêtes
L'osez-vous bien railler encor,
Quand le peuple hébreu dans ses fêtes
Vous voit adorer son veau d'or !
L'empire a, pour plus d'un service,
Long-temps soudoyé vos appas.
Lise est mal avec la police ;
De sa vertu ne parlons pas.

Point de cendre si bien éteinte
Qu'elle n'y retrouve du feu ;
Un marquis, dont la vie est sainte,
Veut à la cour la mettre en jeu.
Par elle, illustrant son mérite,
Sur les ducs il aura le pas.
Lisette sera favorite ;
De sa vertu ne parlons pas.

Çà, mesdames les dénigrantes,
Si cet honneur vient la trouver ;
Vous vous direz de ses parentes,
Vous ferez cercle à son lever :
Mais dût son triomphe et ses suites
De joie enfler tous les rabats,

Se confessât-elle aux jésuites ;
De sa vertu ne parlons pas.

Croyez-moi, beautés monarchiques,
Le mot vertu, dans vos caquets,
Ressemble aux grands noms historiques
Que devant vous crie un laquais.
Les échâsses de l'étiquette
Guindent bien haut des cœurs bien bas ;
De la cour Dieu garde Lisette !
De sa vertu ne parlons pas.

LE VOYAGEUR.

Air : Plus on est de fous, plus on rit.
(Sans la reprise finale.)

LE VIEILLARD.

Voyageur, dont l'âge intéresse,
Quel chagrin flétrit tes beaux jours ?

LE VOYAGEUR.

Bon vieillard, plaignez ma jeunesse,
En butte aux orages des cours.

LE VIEILLARD.

Le sort est injuste sans doute,
Mais n'est pas toujours rigoureux.
Dieu qui m'a placé sur ta route,
Dieu t'offre un ami (*bis*) ; sois heureux.

LE VOYAGEUR.

Mes maux sont de tristes exemples
Du pouvoir des dieux d'ici-bas.
Bientôt le crime aura des temples :
Des palais il doit être las.

LE VIEILLARD.

Prends mon bras, car un long voyage
Endolorit tes pieds poudreux.
Comme toi j'errais à ton âge.
Dieu t'offre un ami (*bis*) ; sois heureux.

LE VOYAGEUR.

Quand j'invoquai dans la tempête
Ce Dieu, qu'on dit si consolant,
Les poignards levés sur ma tête
Portaient gravé son nom sanglant.

LE VIEILLARD.

Te voici dans mon ermitage,
Versons-nous d'un vin généreux.

Hélas! mon fils aurait ton âge.
Dieu t'offre un ami ; (*bis*) sois heureux.

LE VOYAGEUR.

Non, il n'est point d'Être Suprême
Qui seul peuple l'immensité,
Et cet univers n'est lui-même
Qu'une grande inutilité.

LE VIEILLARD.

Vois ma fille, à qui ta détresse
Arrache un soupir douloureux ;
Elle a consolé ma vieillesse.
Dieu t'offre un ami ; (*bis*) sois heureux.

LE VOYAGEUR.

Dans cette nuit profonde et triste,
Ce Dieu vient-il guider nos pas ?
Eh! qu'importe enfin qu'il existe,
Si pour lui nous n'existons pas !

LE VIEILLARD.

Voici ta couche et ta demeure :
Chasse des rêves ténébreux.
Tiens-moi lieu du fils que je pleure.
Dieu t'offre un ami ; (*bis*) sois heureux.

L'étranger reste ; il plaît, il aime,
Et de fleurs bientôt couronné,
Époux et père, il va lui-même
Dire à plus d'un infortuné :
« Le sort est injuste, sans doute,
Mais n'est pas toujours rigoureux.
Dieu qui m'a placé sur ta route,
Dieu t'offre un ami ; (*bis*) sois heureux ! »

MON ENTERREMENT.

Air : Quand on ne dort pas de la nuit. (De Lisbeth.)

Ce matin, je ne sais comment,
Je vois d'Amours ma chambre pleine ;
J'étais couché, sans mouvement.
Il est mort, disaient-ils gaîment,
De l'inhumer prenons la peine.
Lors je maudis entre mes draps
Ces dieux que j'aimais tant à suivre.
Amis, si j'en crois ces ingrats,
Plaignez-moi (*bis*), j'ai cessé de vivre. (*bis*.)

De mon vin ils prennent leur part,
Ils caressent ma chambrière :
L'un veut guider le corbillard
Et l'autre d'un ton nazillard,
Me psalmodie une prière.

Le plus grave ordonne à l'instant
Vingt galoubets pour mon escorte :
Mais déjà la voiture attend.
Plaignez-moi (*bis*), voilà qu'on m'emporte.

Causant, riant, faisant des leurs,
Les Amours suivent sur deux lignes ;
Le drap, où l'argent brille en pleurs,
Porte un verre, un luth et des fleurs,
De mes ordres joyeux insignes.
Maint passant, qui met chapeau bas,
Se dit : Triste ou gai, tout succombe !
Les Amours font hâter le pas.
Plaignez-moi (*bis*), j'arrive à ma tombe.

Mon cortége, au lieu de prier,
Chante là mes vers les plus lestes.
Grâce au ciseau du marbrier,
Une couronne de laurier
Va d'orgueil enivrer mes restes.
Tout redit ma gloire en ce lieu,
Qui bientôt sera solitaire :
Amis, j'allais me croire un dieu,
Plaignez-moi (*bis*), voilà qu'on m'enterre.

Mais d'aventure, en ce moment,
Par-là passait mon infidèle;
Lise m'arrache au monument;
Puis encor, je ne sais comment,
Je me sens renaître auprès d'elle.
De la vie et de ses douceurs,
Vous qu'à médire l'âge excite,
Vous du monde éternels censeurs,
Plaignez-moi (*bis*), car je ressuscite. (*bis.*)

LE POÈTE DE COUR.

COUPLETS POUR LA FÊTE DE MARIE***.

(1824.)

AIR : De la treille de sincérité.

On achète
Lyre et musette ;
Comme tant d'autres à mon tour,
Je me fais poëte de cour. (bis.)

Te chanter encore, ô Marie !
Non vraiment je ne l'ose pas.
Ma muse enfin s'est aguerrie,
Et vers la cour tourne ses pas. (bis.)
Je gage, s'il naît un Voltaire,
Qu'on emprunte pour l'acheter.

Prêt à me vendre au ministère,
Pour toi je ne puis plus chanter.
  On achète
   Lyre et musette;
Comme tant d'autres à mon tour,
Je me fais poëte de cour.

Ce que je dirais pour te plaire,
Ferait rire ailleurs de pitié :
L'amour est notre moindre affaire,
Les grands ont banni l'amitié.
On siffle le patriotisme ;
Ce qu'on sait le mieux, c'est compter ;
J'adresse une ode à l'égoïsme,
Pour toi je ne puis plus chanter.
  On achète
   Lyre et musette ;
Comme tant d'autres à mon tour,
Je me fais poëte de cour.

Je crains que ta voix ne m'inspire
L'éloge des Grecs valeureux,
Contre qui l'Europe conspire
Pour ne plus rougir devant eux.

En vain ton âme généreuse,
De leurs maux se laisse attrister,
Moi je chante l'Espagne heureuse,
Pour toi je ne puis plus chanter.
  On achète
   Lyre et musette ;
Comme tant d'autres à mon tour,
Je me fais poëte de cour.

Dans mes calculs, Dieu ! quel déboire
Si de ton héros je parlais !
Il nous a légué tant de gloire,
Qu'on est embarrassé du legs.
Lorsque ta main pare son buste
De lauriers qu'on doit respecter,
J'encense une personne auguste,
Pour toi je ne puis plus chanter.
  On achète
   Lyre et musette ;
Comme tant d'autres à mon tour,
Je me fais poëte de cour.

Pourquoi douter, chère Marie,
Que ton ami change à ce point?

Liberté, gloire, honneur, patrie,
Sont des mots qu'on n'escompte point.
Des chants pour toi sont la satire
Des grands que j'apprends à flatter.
Non, quoi que mon cœur veuille dire,
Pour toi je ne puis plus chanter.
  On achète
   Lyre et musette ;
Comme tant d'autres à mon tour,
Je me fais poëte de cour.

OCTAVIE.

Air : Des Comédiens,
ou du rondeau de Miller, intitulé : *Un tour de jardin.*

Viens parmi nous, qui brillons de jeunesse,
Prendre un amant, mais couronné de fleurs ;
Viens sous l'ombrage, où, libre avec ivresse,
La volupté seule a versé des pleurs.

Ainsi parlaient des enfans de l'empire,
A la beauté dont Tibère est charmé.

Quoi ! disaient-ils, la colombe soupire
Au nid sanglant du vautour affamé !

Belle Octavie, à tes fêtes splendides,
Dis-nous, la joie a-t-elle jamais lui ?
Ton char, traîné par deux coursiers rapides,
Laisse trop loin les Amours après lui.

Sur un vieux maître, aux Romains qu'elle outrage,
Tant d'opulence annonce ton crédit ;
Mais sous la pourpre on sent ton esclavage ;
Et, tu le sais, l'esclavage enlaidit.

Marche aux accords des lyres parasites ;
Que par les grands tes vœux soient épiés ;
Déjà, dit-on, nos prêtres hypocrites
Ont de leurs dieux mis l'encens à tes pieds.

Mais, à la cour, lis sur tous les visages,
Traîtres, flatteurs, meurtriers, vils faquins.
D'impurs ruisseaux, gonflés par nos orages,
Font déborder cet égout des Tarquins.

Tendre Octavie, ici rien n'effarouche
Le dieu qui cède à qui mieux le ressent.

Ne livre plus les roses de ta bouche
Aux baisers morts d'un fantôme impuissant.

Viens parmi nous, qui brillons de jeunesse,
Prendre un amant, mais couronné de fleurs.
Viens sous l'ombrage, où, libre avec ivresse,
La volupté seule a versé des pleurs.

Accours ici purifier tes charmes :
Les délateurs respectent nos loisirs.
Tous, à leur prince, ont prédit que nos armes
Se rouilleraient à l'ombre des plaisirs.

Sur les coussins où la douleur l'enchaîne,
Quel mal, dis-tu, vous fait ce roi des rois?
Vois-le d'un masque enjoliver sa haine,
Pour étouffer notre gloire et nos lois.

Vois ce cœur faux, que cherchent tes caresses,
De tous les siens n'aimer que ses aïeux ;
Charger de fers les muses vengeresses,
Et par ses mœurs nous révéler ses dieux.

Peins-nous ses feux, qu'en secret tu redoutes,
Quand sur ton sein s'exhale son nectar,

Ses feux infects dont s'indignent les voûtes
Où plane encor l'aigle du grand César.

Ton sexe faible est oublieux des crimes;
Mais, dans ces murs ouverts à tant de peurs,
N'entends-tu pas des ombres de victimes
Mêler leurs cris à tes soupirs trompeurs?

Sur le tyran et sur toi le ciel gronde;
Avec les siens ne confonds plus tes jours.
Ah! trop souvent la liberté du monde
A d'un long deuil affligé les Amours.

Viens parmi nous, qui brillons de jeunesse,
Prendre un amant, mais couronné de fleurs;
Viens sous l'ombrage, où, libre avec ivresse,
La volupté seule a versé des pleurs.

LES TROUBADOURS.

DITHYRAMBE.

AIR : Je commence à m'apercevoir, etc.

J'ENTONNE sur les troubadours
 Un chant dithyrambique.
 Malgré goût et logique,
Coulez vers longs, moyens et courts.
 Momus sommeille :
 Qu'on le réveille ;
Gai farfadet, qu'il rie à notre oreille.
Laissons, malgré maux et douleurs,
L'espérance essuyer nos pleurs.
Lisette, apporte et du vin et des fleurs.
 Narguant des lois sévères,
 Troubadours et trouvères,
Au nez des rois, vidaient gaîment leurs verres.

7***

Toi, doux rimeur, que la beauté
    Mène par la lisière,
    Unis parfois le lierre
Aux roses de la volupté.
      Coupe remplie
      Par la folie
Met en gaîté femme tendre et jolie.
La colombe d'Anacréon,
    Dans la coupe de ce barbon,
Buvait d'un vin père de la chanson.
    Narguant des lois sévères,
    Troubadours et trouvères,
Au nez des rois, vidaient gaîment leurs verres.

Toi qui fais de religion
    Parade à chaque rime;
    Qui sur la double cime
Fais grimper la procession,
      Ta muse en masque
      Est lourde et flasque;
Mais qu'un tendron te tire par la basque :
Tu lui souris; et le bon vin,
Pour toi ne vieillit pas en vain,
Beau joueur d'orgue au service divin.
    Narguant des lois sévères,

Troubadours et trouvères,
Au nez des rois, vidaient gaîment leurs verres.

Toi qui prends Boileau pour Psautier,
Du joug je te délie :
Veux-tu, près de Thalie,
De Regnard être l'héritier ?
De cette muse
Parfois abuse ;
Enivre-là ; Molière est ton excuse.
Elle naquit sur un tonneau ;
Pour lui rendre un éclat nouveau,
Puise la joie au fond de son berceau.
Narguant des lois sévères,
Troubadours et trouvères,
Au nez des rois, vidaient gaîment leurs verres.

Du romantisme jeune appui,
Descends de tes nuages ;
Tes torrens, tes orages
Ceignent ton front d'un pâle ennui.
Mon camarade,
Tiens, bois rasade ;
C'est un julep pour ton cerveau malade.
Entre naître et mourir, hélas !

Puisqu'on ne fait que quelques pas,
On peut aller de travers ici-bas.
  Narguant des lois sévères,
  Troubadours et trouvères,
Au nez des rois, vidaient gaîment leurs verres.

  Oui, trouvères et troubadours
   Sablaient force champagne.
   Mais je bats la campagne ;
  L'ode et le vin font de ces tours.
    Le ciel nous dote
    D'une marotte
Tour à tour grave, et quinteuse et falotte.
  Le soleil s'est levé joyeux,
  Le front barbouillé de vin vieux.
Ah ! tout poëte est le jouet des dieux.
  Narguant des lois sévères,
  Troubadours et trouvères,
Au nez des rois, vidaient gaîment leurs verres.

LES ESCLAVES GAULOIS.

CHANSON ADRESSÉE A M. MANUEL.

(Mai 1824.)

Air : Un soldat, par un coup funeste.

D'anciens Gaulois, pauvres esclaves,
Un soir qu'autour d'eux tout dormait,
Levaient la dîme sur les caves
Du maître qui les opprimait.
 Leur gaîté s'éveille,
« Ah ! dit l'un d'eux, nous faisons des jaloux.
» L'esclave est roi quand le maître sommeille.
  » Enivrons-nous ! (4 *fois*.)

» Amis, ce vin par notre maître
» Fut confisqué sur des Gaulois,
» Bannis du sol qui les vit naître
» Le jour même où mouraient nos lois.

» Sur nos fers qu'il rouille
» Le temps écrit l'âge d'un vin si doux.
» Des malheureux partageons la dépouille.
   » Enivrons-nous !

» Savez-vous où gît l'humble pierre
» Des guerriers morts de notre temps ?
» Là, plus d'épouses en prières ;
» Là, plus de fleurs, même au printemps.
   » La lyre attendrie
» Ne redit plus leurs noms effacés tous.
» Nargue du sot qui meurt pour la patrie !
   » Enivrons-nous !

» La liberté conspire encore
» Avec des restes de vertu ;
» Elle nous dit : Voici l'aurore ;
» Peuple, toujours dormiras-tu ?
   » Déité qu'on vante,
» Recrute ailleurs des martyrs et des fous :
» L'or te corrompt, la gloire t'épouvante.
   » Enivrons-nous !

» Oui, toute espérance est bannie,
» Ne comptons plus les maux soufferts.

» Le marteau de la tyrannie
» Sur les autels rive nos fers.
» Au monde en tutelle,
» Dieux tout-puissans, quel exemple offrez-vous!
» Au char des rois un prêtre vous attelle.
» Enivrons-nous !

» Rions des dieux, sifflons les sages,
» Flattons nos maîtres absolus.
» Donnons-leur nos fils pour otages;
» On vit de honte, on n'en meurt plus.
» Le plaisir nous venge ;
» Sur nous du sort il fait glisser les coups.
» Traînons gaîment nos chaînes dans la fange.
» Enivrons-nous ! »

Le maître entend leurs chants d'ivresse,
Il crie à des valets : « Courez !
» Qu'un fouet dissipe l'allégresse
» De ces Gaulois dégénérés. »
Du tyran qui gronde
Prêts à subir la sentence à genoux,
Pauvres Gaulois, sous qui trembla le monde,
Enivrons-nous !

ENVOI.

Cher Manuel, dans un autre âge,
Aurais-je peint nos tristes jours ?
Ton éloquence et ton courage
Nous ont trouvés ingrats et sourds.
Mais pour la patrie
Ta vertu brave et périls et dégoûts,
Et plaint encor l'insensé qui s'écrie :
Enivrons-nous !

TREIZE A TABLE.

Air : De Préville et Taconnet,
ou du Carnaval de Meissonier.

Dieu ! mes amis, nous sommes treize à table,
Et devant moi le sel est répandu.
Nombre fatal ! présage épouvantable !
La mort accourt ; je frissonne éperdu. (*bis.*)
Elle apparaît, esprit, fée ou déesse,
Mais belle et jeune ; elle sourit d'abord. (*bis.*)
De vos chansons ranimez l'allégresse ;
Non, mes amis, je ne crains plus la mort.

Bien qu'elle semble invitée à la fête,
Qu'elle ait aussi sa couronne de fleurs,
Seul je la vois, seul je vois sur sa tête
D'un arc-en-ciel resplendir les couleurs.
Elle me montre une chaîne brisée,
Et sur son sein un enfant qui s'endort.

Calmez la soif de ma coupe épuisée ;
Non, mes amis, je ne crains plus la mort.

« Vois, me dit-elle, est-ce moi qu'il faut craindre ?
» Fille du ciel, l'espérance est ma sœur.
» Dis-moi, l'esclave a-t-il droit de se plaindre
» De qui l'arrache aux fers d'un oppresseur ?
» Ange déchu, je te rendrai les ailes
» Dont, ici-bas, te dépouilla le sort. »
Enivrons-nous des baisers de nos belles ;
Non, mes amis, je ne crains plus la mort.

« Je reviendrai, poursuit-elle, et ton âme
» Ira franchir tous ces mondes flottans,
» Tout cet azur, tous ces globes de flamme
» Que Dieu sema sur la route du temps.
» Mais tant qu'au joug elle rampe asservie,
» Goûte sans crainte un bonheur sans remord. »
Que le plaisir use en paix notre vie ;
Non, mes amis, je ne crains plus la mort.

Ma vision passe et fuit toute entière
Aux cris d'un chien, hurlant sur notre seuil.
Ah ! l'homme en vain se rejette en arrière
Lorsque son pied sent le froid du cercueil.

Gais passagers, au flot inévitable
Livrons l'esquif qui doit conduire au port.
Si Dieu nous compte, ah! restons treize à table;
Non, mes amis, je ne crains plus la mort.

LAFAYETTE EN AMÉRIQUE.

Air : A soixante ans il ne faut pas remettre.

Républicains, quel cortége s'avance ?
— Un vieux guerrier débarque parmi nous.
— Vient-il d'un roi vous jurer l'alliance ?
— Il a des rois allumé le courroux.
— Est-il puissant ? — Seul il franchit les ondes.
— Qu'a-t-il donc fait ? — Il a brisé des fers.
Gloire immortelle à l'homme des deux mondes!
Jours de triomphe, éclairez l'univers !

Européen, partout, sur ce rivage,
Qui retentit de joyeuses clameurs,
Tu vois régner, sans trouble et sans servage,
La paix, les lois, le travail et les mœurs.

Des opprimés ces bords sont le refuge :
La tyrannie a peuplé nos déserts.
L'homme et ses droits ont ici Dieu pour juge.
Jours de triomphe, éclairez l'univers !

Mais que de sang nous coûta ce bien-être !
Nous succombions ; Lafayette accourut,
Montra la France, eut Washington pour maître,
Lutta, vainquit, et l'Anglais disparut.
Pour son pays, pour la liberté sainte,
Il a depuis grandi dans les revers.
Des fers d'Olmutz nous effaçons l'empreinte.
Jours de triomphe, éclairez l'univers !

Ce vieil ami que tant d'ivresse accueille,
Par un héros ce héros adopté,
Bénit jadis, à sa première feuille,
L'arbre naissant de notre liberté.
Mais aujourd'hui que l'arbre et son feuillage
Bravent en paix la foudre et les hivers,
Il vient s'asseoir sous son fertile ombrage.
Jours de triomphe, éclairez l'univers !

Autour de lui, vois nos chefs, vois nos sages,
Nos vieux soldats se rappelant ses traits ;

Vois tout un peuple, et ces tribus sauvages,
A son nom seul sortant de leurs forêts.
L'arbre sacré sur ce concours immense
Forme un abri de rameaux toujours verts :
Les vents au loin porteront sa semence.
Jours de triomphe, éclairez l'univers !

L'Européen, que frappent ces paroles,
Servit des rois, suivit des conquérans;
Un peuple esclave encensait ces idoles :
Un peuple libre a des honneurs plus grands.
Hélas ! dit-il, et son œil sur les ondes
Semble chercher des bords lointains et chers :
Que la vertu rapproche les deux mondes !
Jours de triomphe, éclairez l'univers !

MAUDIT PRINTEMPS!

Air : C'est à mon maître en l'art de plaire.

Je la voyais, de ma fenêtre,
A la sienne tout cet hiver;
Nous nous aimions sans nous connaître;
Nos baisers se croisaient dans l'air;
Entre ces tilleuls sans feuillage,
Nous regarder comblait nos jours.
Aux arbres tu rends leur ombrage,
Maudit printemps, reviendras-tu toujours !

Il se perd dans leur voûte obscure,
Cet ange éclatant qui, là-bas,
M'apparut, jetant la pâture
Aux oiseaux, un jour de frimas :
Ils l'appelaient, et leur manége
Devint le signal des amours.
Non, rien d'aussi beau que la neige !
Maudit printemps, reviendras-tu toujours !

Sans toi, je la verrais encore
Lorsqu'elle s'arrache au repos,
Fraîche, comme on nous peint l'Aurore
Du jour entr'ouvrant les rideaux.
Le soir encor je pourrais dire :
Mon étoile achève son cours ;
Elle s'endort, sa lampe expire.
Maudit printemps, reviendras-tu toujours !

C'est l'hiver que mon cœur implore ;
Ah ! je voudrais qu'on entendît
Tinter sur la vitre sonore,
Le grésil léger qui bondit.
Que me fait tout ton vieil empire,
Tes fleurs, tes zéphyrs, tes longs jours ?
Je ne la verrai plus sourire
Maudit printemps, reviendras-tu toujours !

PSARA (1),

OU CHANT DE VICTOIRE DES OTTOMANS.

Air : A soixante ans on ne doit pas remettre.

Nous triomphons ! Allah ! gloire au prophète !
Sur ce rocher plantons nos étendards.
Ses défenseurs, illustrant leur défaite,
En vain sur eux font crouler ses remparts. (bis.)
Nous triomphons, et le sabre terrible
Va de la croix punir les attentats. (bis.)
Exterminons une race invincible :
Les rois chrétiens ne la vengeront pas. (bis.)

---

(1) Le désastre de Psara ou Ipsara est encore trop récent pour qu'il soit nécessaire d'en rapporter les détails, non plus que de la belle défense et de la fin héroïque de ses habitans ; les Turcs eux-mêmes ont rendu justice aux Ipsariotes.

N'as-tu, Chios, pu sauver un seul être
Qui vînt ici raconter tous tes maux (1) !
Psara tremblante eût fléchi sous son maître.
Où sont tes fils, tes palais, tes hameaux ? *(bis.)*
Lorsque la peste en ton île rebelle
Sur tant de morts menaçait nos soldats (2), *(bis.)*
Tes fils mourans disaient : N'implorons qu'elle ;
Les rois chrétiens ne nous vengeront pas. *(bis.)*

Mais de Chios recommencent les fêtes.
Psara succombe, et voilà ses soutiens !
Dans le sérail comptez combien de têtes
Vont saluer les envoyés chrétiens. *(bis.)*
Pillons ces murs ! de l'or ! du vin ! des femmes !
Vierges, l'outrage ajoute à vos appas. *(bis.)*
Le glaive après purifiera vos âmes ;
Les rois chrétiens ne vous vengeront pas. *(bis.)*

---

(1) Plus de cinquante mille chrétiens perdirent la vie ou la liberté lors du massacre de Chios, ou Scio, car c'est le même nom, corrompu par la prononciation italienne.

(2) Le nombre des cadavres entassés dans cette malheureuse contrée, fit craindre, aux chefs ottomans, que la peste ne se mît dans leur armée, livrée au pillage de cette île opulente.

L'Europe esclave a dit dans sa pensée :
Qu'un peuple libre apparaisse ! et soudain...
Paix ! ont crié d'une voix courroucée
Les chefs que Dieu lui donne en son dédain. *(bis)*
Byron offrait un dangereux exemple ;
On les a vus sourire à son trépas. *(bis)*
Du Christ lui-même allons souiller le temple :
Les rois chrétiens ne le vengeront pas. *(bis)*

A notre rage ainsi rien ne s'oppose ;
Psara n'est plus, Dieu vient de l'effacer.
Sur ses débris le vainqueur qui repose
Rêve le sang qu'il lui reste à verser. *(bis)*
Qu'un jour Stamboul (1) contemple avec ivresse
Les derniers Grecs suspendus à nos mâts ! *(bis)*
Dans son tombeau faisons rentrer la Grèce :
Les rois chrétiens ne la vengeront pas. *(bis)*

Ainsi chantait cette horde sauvage.
Les Grecs ! s'écrie un barbare effrayé.

―――――――――

(1) Constantinople. Stamboul est le nom que lui donnent les Turcs.

La flotte Hellène a surpris le rivage
Et de Psara tout le sang est payé.   (bis.)
Soyez unis, ô Grecs, où plus d'un traître
Dans le triomphe égarera vos pas.   (bis.)
Les nations vous pleureraient peut-être;
Les rois chrétiens ne vous vengeraient pas. (bis.)

LE VOYAGE IMAGINAIRE.

Air : Muse des bois, etc.

L'automne accourt, et sur son aile humide
M'apporte encor de nouvelles douleurs.
Toujours souffrant, toujours pauvre et timide,
De ma gaîté je vois pâlir les fleurs.
Arrachez-moi des fanges de Lutèce.
Sous un beau ciel mes yeux devaient s'ouvrir.
Tout jeune aussi je rêvais à la Grèce;
C'est là, c'est là, que je voudrais mourir.

En vain faut-il qu'on me traduise Homère :
Oui, je fus Grec; Pythagore a raison.

Sous Périclès j'eus Athènes pour mère ;
Je visitai Socrate en sa prison.
De Phidias j'encensai les merveilles ;
De l'Ilissus j'ai vu les bords fleurir.
J'ai sur l'Hymète éveillé les abeilles ;
C'est là, c'est là, que je voudrais mourir.

Dieux, qu'un seul jour, éblouissant ma vue,
Ce beau soleil me réchauffe le cœur !
La liberté que de loin je salue
Me crie : Accours, Thrasybule est vainqueur.
Partons ! partons ! la barque est préparée.
Mer, en ton sein, garde-moi de périr.
Laisse ma muse aborder au Pirée ;
C'est là, c'est là, que je voudrais mourir.

Il est bien doux le ciel de l'Italie,
Mais l'esclavage en obscurcit l'azur.
Vogue plus loin, nocher, je t'en supplie,
Vogue, où là-bas renaît un jour si pur.
Quels sont ces flots ? quel est ce roc sauvage ?
Quel sol brillant à mes yeux vient s'offrir ?
La tyrannie expire sur la plage ;
C'est là, c'est là, que je voudrais mourir.

Daignez au port accueillir un barbare,
Vierges d'Athènes, encouragez ma voix.
Pour vos climats je quitte un ciel avare,
Où le génie est l'esclave des rois.
Sauvez ma lyre, elle est persécutée ;
Et si mes chants pouvaient vous attendrir,
Mêlez ma cendre aux cendres de Tyrtée ;
Sous ce beau ciel, je suis venu mourir.

FIN DU TOME SECOND ET DERNIER.

TABLE
DES CHANSONS
CONTENUES
DANS LE SECOND VOLUME.

La Mort subite.	pag. 1
Les cinquante Écus.	2
Le Carnaval de 1818.	5
Le Retour dans la Patrie.	8
Le Ventru.	12
La Couronne.	16
Le bon Ménage.	18
Le Champ d'Asile.	22
La mort de Charlemagne.	25
Le Ventru aux élections de 1819.	28
La Nature.	31
Les Cartes,	33

La Sainte Alliance des peuples.	pag. 36
Rosette.	39
Les Révérends Pères.	41
Les Enfans de la France.	44
Les Mirmidons.	47
Les Rossignols.	52
Halte-là.	54
L'Enfant de bonne maison.	58
Les Étoiles qui filent.	63
L'Enrhumé.	66
Le Temps.	69
La Faridondaine.	72
Ma Lampe.	75
Le vieux Drapeau.	77
La marquise de Prétintaille.	80
Le Trembleur.	84
Ma Contemporaine.	87
La mort du roi Christophe.	88
La Fortune.	91
Louis XI.	94
Les Adieux à la Gloire.	99
Les deux Cousins.	102
Les Vendanges.	105
L'Orage.	108
Le cinq Mai.	112
CHANSONS NOUVELLES. — Préface.	117
Ma Muse en fuite, ou ma première visite au Palais de Justice.	125

Dénonciation en forme d'impromptu. pag.	125
Adieux à la campagne.	127
La Liberté.	130
La Chasse.	133
Ma Guérison.	136
L'Agent provocateur.	140
Mon Carnaval.	143
L'Ombre d'Anacréon.	145
L'Épitaphe de ma Muse.	149
La Sylphide.	152
Les Conseils de Lise.	154
Le Pigeon messager.	158
L'Eau bénite.	161
L'Amitié.	163
Le Censeur.	166
Le mauvais Vin, ou les Car.	169
La Cantharide, ou le Philtre.	172
Le Tourne-Broche.	175
Le Tailleur et la Fée.	178
Les Sciences.	181
La Déesse.	183
Le Malade.	185
La Couronne de Bluets.	188
L'Épée de Damoclès.	190
La Maison de santé.	193
La ne Maman.	195
Le on brisé.	197
Le trat de Mariage.	200

Le Chant du Cosaque. pag.	203
Les Hirondelles.	205
Les Filles.	208
Le Cachet, ou Lettre à Sophie.	211
La jeune Muse.	213
La Fuite de l'Amour.	215
L'Anniversaire.	217
Impromptu sur le Mariage de N. et de M. L.	219
Le vieux Sergent.	220
Le Prisonnier.	223
L'Ange exilé.	226
La Vertu de Lisette.	228
Le Voyageur.	231
Mon enterrement.	235
Le Poëte de Cour.	238
Octavie.	241
Les Troubadours.	245
Les Esclaves gaulois.	249
Treize à Table.	253
Lafayette en Amérique.	255
Maudit Printemps!	258
Psara, ou Chant de victoire des Ottomans.	260
Le Voyage imaginaire.	263

FIN DE LA TABLE DU TOME SECOND ET DERNIER.

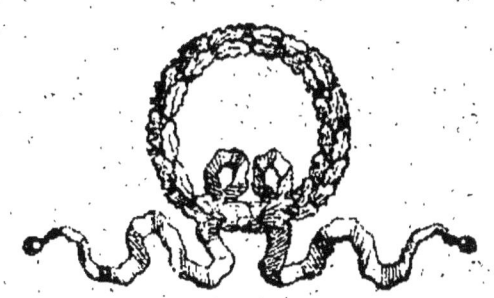

PARIS. — IMPRIMERIE DE FAIN, RUE RACINE, N. 4,
PLACE DE L'ODÉON.

www.ingramcontent.com/pod-product-compliance
Lightning Source LLC
Chambersburg PA
CBHW050635170426
43200CB00008B/1024